*« Et l'humour et l'amour sont nos trésors. »*
Jean-Jacques Goldman, *Je te donne*

*« Le rire est comme un fil dentaire*
*qui nettoie les toiles d'araignées de notre esprit. »*
Dr Madan Kataria

*« Faire rire, c'est faire oublier.*
*Quel bienfaiteur sur la Terre qu'un distributeur d'oubli ! »*
Victor Hugo, *L'Homme qui rit*

# SOMMAIRE

Euuuh... T'aurais pas plutôt des chips ou du saucisson ?

# INTRODUCTION

*« Le rire est une chose sérieuse avec laquelle il ne faut pas plaisanter. »*
Raymond Devos

Au commencement il y eut la Terre, Adam, Ève, les animaux, le ciel, le soleil et la lune.
Mais Dieu pensa qu'il manquait quelque chose, alors il inventa l'humour. À moins que ce ne soit les femmes qui l'aient créé.

Au second commencement, qui est plus proche et dont on sait plus de choses, il y eut une pandémie, un confinement et des réseaux sociaux en ébullition.
Nous étions en mars 2020 et, chacune de notre côté, nous regardions ce qui se tramait sur Instagram.

C'est alors que Jessica, alias SerialMother (alias moi), découvrit une page rigolote, celle de Mamouz, alias Julie Mamou-Mani (alias elle).
C'est alors qu'elle se mit à la suivre (sur Insta, pas dans la rue, hein ! On vous rappelle qu'on était confinées !) et à « liker » ses blagues. Elle lui écrivit : « J'adore ta page, on rit bien, vive l'humour, on en a bien besoin ! » J'hésitai avec la page de Cyril Lignac pour faire du pain et celle de Jennifer Aniston pour faire du sport, mais je choisis la sienne, c'était une prise de risque moindre.
C'est alors que ladite Mamouz lui répondit un truc comme « Ah ah » (ou « Hi hi » ou encore « Hu hu »).

Depuis lors, elles devinrent copines virtuelles, partageant à l'envi le même humour.
Le compte de Mamouz grossit en même temps que les fesses de Jessica (rapport à Lignac), preuve que l'humour avait une place de plus en plus importante et nécessaire dans le quotidien des gens.

Une fois revenues dans la vie d'après, elles se rencontrèrent en « vrai » pour un épisode de podcast où elles passèrent un moment réjouissant qui se conclut par : « Et si on écrivait un livre ? » Mamouz répondit : « Le plus fou de la période que nous avons vécue, c'est le nombre de personnes qui ne savaient plus rire et qui me demandaient comment faire ? »
Et comme Julie est journaliste, elle enquêta sur une méthode pour retrouver la pratique du rire, le propre de l'homme.

NOUS reprenons le contrôle de la situation, car parler à la troisième personne du pluriel nous confère un style Alain Delon que nous n'assumons pas totalement.
L'humour permet tout ou presque, car il est vital et salvateur. Il permet de séduire, mais aussi de sauver. Il est ce petit plus qui rend la vie plus belle. Nous croyons que l'humour est nécessaire, tout comme l'air, et que le rire rallonge l'espérance de vie. Même s'il arrive que l'humour dérange jusqu'à la mort (*Charlie Hebdo*).

Être drôle est un super-pouvoir et peut faire la différence entre deux individus. Nous avons décidé de partir, tel Bernard de La Villardière, dans une enquête exclusive en territoire

humoristique afin de comprendre ses ressorts, ses mécaniques, ses lobbyings, ses réseaux, bref ce qui se cache derrière les différentes sortes de rire.
La Covid a confirmé notre intuition profonde : le rire est aussi essentiel que la farine et le gel hydroalcoolique. Le meilleur des médicaments, un anxiolytique naturel, gratuit et presque à la portée de tout le monde. Moins ça va, plus les gens veulent rire. Pourtant, le second degré qu'on aime tant n'est pas bien accueilli par tout le monde. Certains *followers* sont restés coincés au premier degré. Ce sont eux qui pensent que nos publications ou *tweets* sur nos enfants sont à prendre au sérieux et nous menacent d'envoyer nos enfants à l'ASE. Nous avons aussi eu des demandes saugrenues comme : « Aidez-moi à devenir drôle ! »
Nous avons concocté pour vous un livre plein d'astuces, de blagues, de mèmes, de quiz... Un livre qui va à la rencontre de médecins, de psychologues, de sociologues, d'humoristes et même d'auteurs de blagues Carambar®.

De la naissance à la mort, de la grossesse à l'accouchement en passant par la prime enfance, l'adolescence, l'âge adulte, le monde du travail, les drames et la mort : comment et pourquoi le rire est-il le meilleur ami de l'Homme (avec le chien de Jessica et le chat de Julie, nous signalent nos animaux de compagnie) ?

Suivez-nous dans notre plus belle histoire d'humour.

JESSICA ET JULIE
(ALIAS SERIALMOTHER ET MAMOUZ)

# CHAPITRE 1

## LA GENÈSE : NAÎT-ON DRÔLE ?

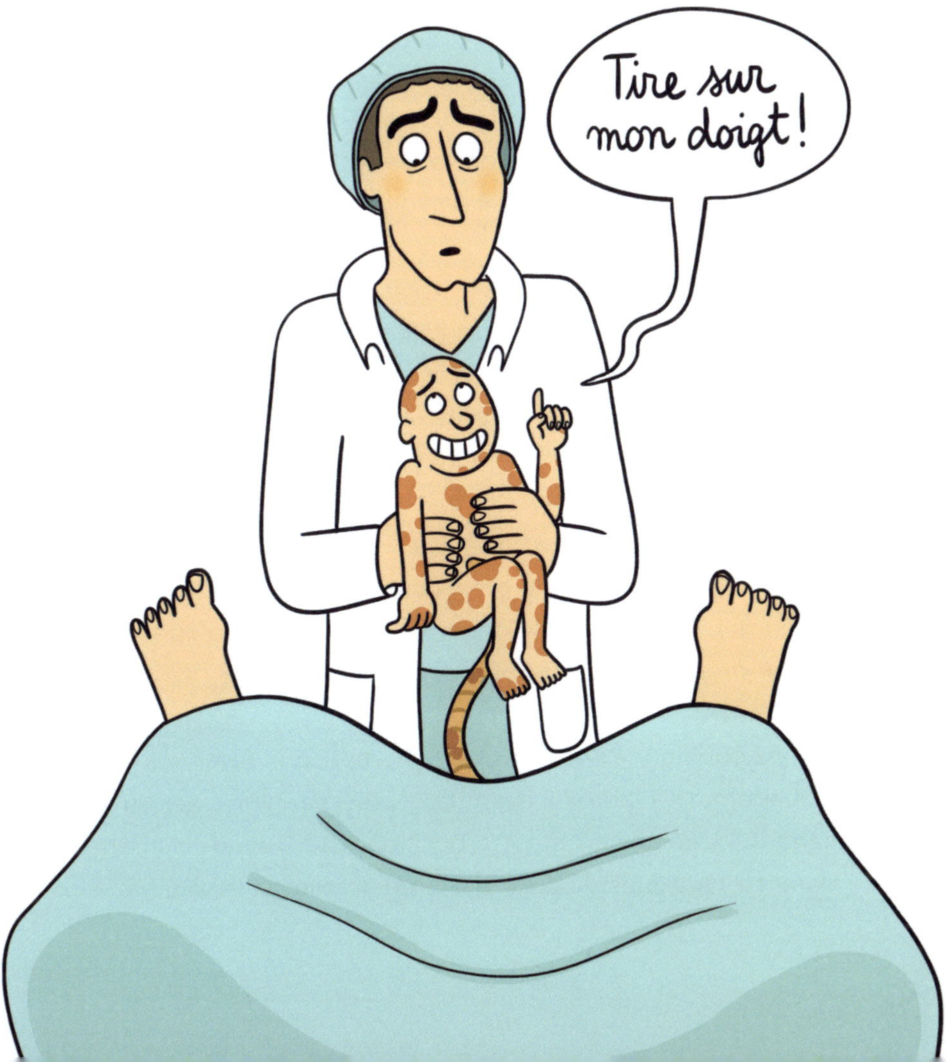

*« On naît – on est – dans le bain du mot d'esprit à la faveur d'une transmission familiale ou culturelle. »*
Marc-Alain Ouaknin, rabbin philosophe

*« N'attends pas d'être heureux pour rire. Commence par rire et tu seras heureux. »*
Proverbe chinois

*« C'est une médecine pour moi le rire, c'est une médecine qui fait beaucoup de bien aux gens. »*
Louis de Funès

« On ne naît pas femme, on le devient », écrivait Simone de Beauvoir. Mais qu'en est-il de l'humour ? Naît-on drôle ou le devient-on ?

Il est des familles dont on dit qu'elles sont drôles et qu'on se marre bien chez elles. On a tous autour de nous des amis d'un clan familial sympa, détente et fun, une tribu où les blagues fusent dès le petit déjeuner et dans laquelle tous, du grand-père en passant par la mère, le neveu ou la fille, sont drôles.
Nous nous sommes donc posé la question : y a-t-il un gène de l'humour ? L'humour se transmet-il par le sang ou peut-on devenir drôle dans une famille super austère ?

Est-on conditionné dès le ventre maternel pour devenir drôle ? Ou bien tout se joue-t-il avant la grossesse ? Procréer en se marrant (si, ça arrive ! C'est la position 482 !) rend-il le bébé hilarant ? Quelle est la part de l'inné et celle de l'acquis ?

N'étant pas expertes de la question, nous avons essayé de savoir si les parents de Chaplin ou de Desproges étaient plutôt du genre rigolo ou strict. Nous sommes aussi allées interroger des humoristes afin de savoir dans quelle ambiance se déroulaient leurs repas de famille.

## Mais d'où vient le rire ?

Le rire aurait précédé l'apparition du langage. Il permettait à nos ancêtres de clarifier leurs intentions dans des situations d'interactions sociales. « Le rire était un signal social précoce et sûr. Avant de pouvoir parler, le rire permettait de signaler que tout allait bien », explique Carl Marci, neuroscientifique à l'école de médecine de Harvard.

Nous nous sommes posé la question : faire l'amour en riant rend-il le bébé drôle ?

C'est vrai que cette question est incongrue, mais nous nous sommes vraiment demandé si la façon de faire l'amour avait une quelconque influence sur le bébé.

C'est bien gentil de vouloir nous faire faire des 69, mais la réalité est souvent bien moins sexy quand on fait la chose dans l'unique but de se reproduire.

Certes, parfois c'est après une folle nuit d'amour extatique et fun que neuf mois plus tard sort un bébé, mais soyons honnêtes, parfois il arrive qu'on décide de faire ce bébé parce que c'est le bon moment du mois, que ça correspond à une FIV, et que ça fait dix-huit mois qu'on essaie.

Nous ne sommes pas médecins, mais supposez qu'en ayant un orgasme hilarant, une femme tombe enceinte... Supposez

que le spermatozoïde, le champion, celui qui a battu tous les autres à la course de vitesse, soit pourvu non seulement d'une habileté à courir plus vite, mais aussi d'un humour décapant... Vous supposez ? Bien.
La grossesse se passe donc correctement, les parents aiment bien rire (chacun son hobby) et bam : le bébé sort et sourit. Pas possible croyez-vous ?

Pourtant, en 2019, un couple de Brésiliens ayant eu un bébé a eu l'heureuse surprise de voir ce bébé sourire, vraiment sourire, à peine sorti du ventre de sa mère, lorsqu'il a reconnu la voix de son père qui, lors de la grossesse, lui parlait sans cesse (allez voir sur Insta @antonella.batistta).

Alors oui, un nouveau-né peut sourire de son plein gré, peut-être pas parce que ses parents ont ri en le fabriquant, mais parce que lors de son développement intra-utérin, il a vécu plutôt dans une chouette ambiance de joie !

## Les dix choses drôles à faire quand on est enceinte

On a souvent en tête une image de la femme enceinte, celle d'une femme épuisée ou relou, ou grosse, ou chiante, ou qui pleure.
Mais halte-là ! Ça peut être carrément drôle d'être enceinte.

1. La femme enceinte peut manger sans retenue et sans culpabilité deux pots de glace le soir, sous le regard jaloux (et ébahi) de ses copains. Et ça, c'est drôle.

2. La femme enceinte peut passer devant tout le monde à la poste. Et ça, c'est drôle.

3. La femme enceinte peut pleurer devant *Joséphine, ange gardien* si elle veut et mettre ça sur le compte des hormones. Et ça, c'est drôle.

4. La femme enceinte peut se barrer d'une soirée chiante, sous prétexte de fatigue (et insulter tout le monde, ENFIN). Et ça, c'est drôle.

5 La femme enceinte peut demander à son mec, à sa copine, à sa mère, à sa voisine de faire le ménage, car : « Tu comprends, je suis à bout. » Et ça, c'est drôle.

6 La femme enceinte peut dire qu'elle n'a pas envie de faire l'amour sans avoir à inventer des maux de tête (ce qui devrait être le cas pour toutes les femmes, au passage). Et ça, c'est drôle.

7 La femme enceinte peut s'habiller en mode jogging-legging. Sans culpabilité ! Et ça, c'est drôle.

8 La femme enceinte peut avoir des fous rires pour rien. Et ça, c'est drôle.

9 La femme enceinte peut faire des combats de sumos avec ses autres copines enceintes. Et ça, c'est drôle.

10 La femme enceinte peut sentir la vie pousser en elle. Et ça, c'est merveilleux, et puis c'est vraiment bizarre et drôle aussi.

# Accoucher, est-ce drôle ?

*« L'accouchement est douloureux. Heureusement, la femme tient la main de l'homme. Ainsi, il souffre moins. »*

Pierre Desproges

On va faire simple pour répondre à cette question : non, ce n'est pas drôle. Parce que ça fait mal (sa race), ça bousille le kiki (sa mère), ça donne chaud (de ouf), ça surprend (trop).
Bref, accoucher, c'est pas marrant. Quitte à choisir, autant se faire un bon spectacle de Desproges (mais comme il est mort, on choisira Édouard Baer, qui n'est pas encore tout à fait mort).
Dans toute situation, il y a parfois des moments hilarants si on le décide. Avoir assez de recul et parvenir à se moquer de soi dans une situation compliquée, c'est l'humour suprême.
Par exemple, lorsque j'ai accouché (c'est Jessica, mère de quatre enfants, qui parle), mon mari était celui autour de qui tout le monde s'affairait. Alors que moi, bah, j'étais celle qui avait les jambes écartées, des douleurs affreuses dans le bas des reins, des sueurs chaudes puis froides, l'envie de mourir, alors... je me suis mise à faire des blagues. Pour détendre l'atmosphère.
Certes ce n'était pas ultra drôle, on fait ce qu'on peut lorsqu'un bébé de 4,3 kilos (il était gros mon bébé) essaie de se faufiler par la petite porte, mais je crois que ça a détendu tout le monde (même mon périnée).

À ce moment-là, j'ai imaginé la première femme au monde en train d'accoucher, qui a dû se dire « WTF », et j'ai ri.

En revanche, j'ai moins ri quand, juste après avoir accouché, souffert, eu des « points de suture », sorti un être humain de mes entrailles, les médecins et sages-femmes ont (à chaque fois) dit à mon mari : « Monsieur, buvez de l'eau, asseyez-vous, ça va aller. »

Lorsque bébé paraît, on l'a vu, ça peut être folklorique, bizarre et drôle.

# UN ACCOUCHEMENT RÉUSSI GRÂCE À LA MÉCANIQUE DU RIRE, PAR ANNA ROY

*Anna Roy est LA sage-femme préférée des Françaises, et aussi la nôtre. Elle aborde, avec le sourire et le rire, les sujets parfois difficiles de la grossesse et de la maternité. Une experte décomplexante et rassurante !*

« L'accouchement c'est si sérieux, si médicalisé, que bizarrement, malgré la libération de la parole, les femmes enceintes ne rient pas trop en arrivant dans mon cabinet. Alors que moi, je suis très bon public – trop même. Un rien me fait rire, et je fais vraiment partie de la *team* #RireÇaDésamorce.

Je m'en sers tout le temps, tout est prétexte à rire. Chaque situation a son lot de moments désopilants. Je ris de ce que j'annonce aux parents, des exercices donnés. Je m'en sers aussi lors des séances de préparation à l'accouchement ou de mes cours... Si je fais marrer mon public, s'il est dans un bon *mood*, il retient mieux mon propos et tout passe crème.

### Tips :

- Fuyez les gens pas drôles et encore plus lors d'une grossesse, collez-vous aux gens joyeux.
- Préparez-vous au post-partum : par exemple, sachez qu'après l'accouchement, les hémorroïdes c'est normal, n'ayez pas peur de parler des sujets qui fâchent, ne pratiquez pas la politique de l'autruche.
- Prenez tout à la rigolade, y compris les moments difficiles, pour éviter le blues.
- Choisissez votre médecin, comme un pote. Si on ne le sent pas, on change !

Je vais vous livrer un secret ultime : accoucher en explosant de rire, c'est l'idéal. S'esclaffer de rire équivaut à pousser. Génial, non ?

Forte de ces infos, je fais tout pour faire rigoler les femmes sur le point d'accoucher. Sur un ton jovial, je vais les taquiner pour que la mayonnaise de la bonne humeur prenne et s'installe dans la pièce.
Rire facilite l'accouchement, fait beaucoup de bien, détend le cerveau et les muscles… c'est gagnant à coup sûr ! Et les couples qui rigolent, de manière générale, deviennent des super parents.

Quand il s'est agi de mon accouchement, je vous rassure, moi aussi j'ai hurlé sur mon mec et j'ai eu du mal avec la gestion de la douleur. J'essayais d'appliquer mes techniques, mais impossible de le faire sereinement, je me suis foutue de ma gueule !

Un de mes meilleurs souvenirs reste l'accouchement d'Émeline, une patiente qui faisait la gueule non-stop. Elle mourait de peur, j'ai donc essayé de détendre l'atmosphère. J'ai ramé, mais elle a enfin commencé à se marrer. Eh bien, elle n'a pas eu besoin de pousser. La mécanique du rire a fait son effet.

Je n'ai jamais vu sourire un bébé à la naissance. Pour faire un sourire, il faut qu'il en ait déjà vu un. C'est d'ailleurs de l'imitation. Le premier vrai rire, quant à lui, est très touchant. Je pourrais passer ma vie devant. Plus on rit, plus le bébé va rire. Entraînez-vous ! »

## Le premier rire

Mais ce qui est vraiment émouvant, n'est-ce pas le premier rire d'un bébé ? Avant même de savoir parler, marcher, manger, le premier geste social d'un bébé est le rire. Oui, oui. Ce premier rire arrive vers 4 ou 5 mois.

Quel parent n'a pas eu la larme à l'œil en écoutant son bébé rire. Devant un truc drôle. Car si bébé pleure beaucoup sans qu'on sache toujours pourquoi, quand il rit, c'est que c'est drôle. Une main cachée derrière un dos, « Ainsi font, font, font », un bruit étrange, une maman ou un papa qui fait des chatouilles… et bébé rit. Et c'est la preuve qu'il a le sens de l'humour.

Cet éclat de rire est d'une émotion folle, le premier d'une longue série sera filmé, raconté et répété.

Selon la pédopsychiatre Paule Aimard, qui étudie l'humour enfantin, celui-ci émerge pour signifier le refus d'accepter passivement les règles imposées par les adultes. Et ce, dès les premiers mois de la vie. En renversant la cuillère de purée ou de soupe tendue par l'adulte – geste qu'il trouve très comique –, le petit monstre exprime sa volonté de maîtriser ce qu'il avale ou rejette. Vers l'âge de 1 an, après avoir cassé le vase offert par mamie, il feint l'innocence par un « Oh ! » navré qui signifie poliment : « Je te dis bien des choses. »

Plus tard, vers 16 mois, il essaiera à son tour de nous faire rire. C'est le début du sens de l'humour : des grimaces, la bouche qui s'élargit, le wouf wouf du chien, le miaou du chat, la gaieté d'un pas de danse, une imitation... Et c'est chouette !
C'est aussi le début de l'interaction. Il va falloir faire rire, et il va vouloir qu'on le fasse rire. Le rire est un vrai outil social pour le bébé, puis pour le jeune enfant. Aux parents aussi de rire des blagues de leur bébé.
Pour bien grandir, il faut rire au moins cinq fois par jour ! 😉

**Le meilleur médicament ?**
**Rire.**

## Les étapes du rire chez le bébé

1. **Quelques jours après sa naissance,** bébé esquisse un sourire aux anges. Il s'agit d'un simple réflexe.

2. **Entre 2 et 3 mois :** c'est un bien-être qu'exprime un bébé à travers le sourire. S'il sourit à cet âge, c'est parce qu'il est satisfait (d'avoir mangé, d'avoir dormi...).

3. **Entre 4 et 6 mois,** le sourire d'un petit enfant devient « conscient ». Le bébé ressent le plaisir d'esquisser un sourire. Et il commence à rire.

4. **Après 6 mois,** sa façon de sourire s'affine. Il sourit pour des raisons différentes. Parce qu'il est heureux d'avoir mangé, heureux de voir ses parents... C'est un sourire conscient. Il aura ses premiers fous rires.

5. **À l'adolescence,** il se moquera de vous.

6. **Adulte,** il fera rire ses enfants malgré lui.

## Laisse tomber, t'as pas hérité du gène du rire

Il y a des gens très drôles, des gens moins drôles, et puis des gens pas drôles du tout.

L'humour, on le verra, c'est une forme d'éducation. Mais pourtant, il semble qu'il existe un gène du rire. Sérieusement ? Un gène du rire ?

En effet, pourquoi certains humains ont le rire facile et pas d'autres ? Pourquoi certains s'esclaffent comme des dingues là ou d'autres peinent à hisser un semblant de rictus.

Une étude conjointe de l'université de Genève et de la Northwestern University de Chicago[1] s'est intéressée au gène qui influence les émotions négatives et qui a déjà été mis en lumière par les scientifiques.

Si ce gène joue un rôle clé, expliquent les chercheurs, c'est qu'il régule la production de sérotonine dans notre organisme. Ce neurotransmetteur, dont le manque peut engendrer anxiété et dépression, exerce un rôle essentiel sur notre humeur, qu'il s'agisse d'émotions négatives ou positives.

Et puis on est allées demander au généticien Jean-Paul Bonnefont ce qu'il en pense.

---

1. Article « Genes May Predispose Some People to Focus on the Negative », Association for Psychological Science, 10 octobre 2013

# JEAN-PAUL BONNEFONT

*Docteur en médecine et docteur de l'université Paris-Descartes. Professeur des universités - praticien hospitalier (PU-PH). Directeur de la Fédération de génétique médicale et membre du service de génétique moléculaire du groupe hospitalier Necker-Enfants malades.*

## Vous êtes spécialiste de la génétique. Pour vous, l'humour, c'est génétique ?

Je pourrais commencer à répondre à vos questions avec une citation de Michel Houellebecq qui me paraît appropriée dans une telle circonstance : « Quand une question vous embarrasse, n'hésitez pas : répondez n'importe quoi avec assurance... »
Peut-être existe-t-il un gène de prédisposition à l'humour, dont le niveau d'expression me paraît malheureusement plutôt faible dans une large majorité de la population générale. Mais le sens de l'humour n'est certainement pas déterminé uniquement par un facteur génétique. Il est évidemment modulé par des facteurs environnementaux, en particulier éducatifs, sociaux (peut-on rire de tout ?) et ethniques. Il s'agit donc, à mon avis, d'une caractéristique multifactorielle.

## On dit qu'il existe un gène du bonheur, qui permettrait à son porteur de sécréter davantage de sérotonine. Ce gène pourrait-il aussi influer sur le sens de l'humour ?

Parler de gène du bonheur me paraît infiniment réducteur. On est là encore dans le multifactoriel. Faire de la sérotonine un remède à nos peines me paraît illusoire. Cette idée, essentiellement médiatique, pourrait venir de l'utilisation des inhibiteurs de la recapture de la sérotonine au niveau des cellules nerveuses dans le traitement des troubles de l'humeur. Mais on sait bien que leur efficacité est pour le moins aléatoire.
Mais avec la sérotonine, nous voilà à nouveau en compagnie de Houellebecq !

### Lorsque vous suivez le développement des enfants, observez-vous une différence entre les enfants qui utilisent l'humour et ceux qui ne l'utilisent pas ?

La réponse à cette question est difficile. « Utiliser » l'humour nécessite obligatoirement :

- des fonctions cognitives et exécutives « préservées » ;
- une certaine dose de confiance vis-à-vis de son interlocuteur (« Va-t-il être capable de comprendre que je plaisante sans porter un jugement négatif sur moi ? ») ;
- une prise de recul sur sa propre condition, ce qui n'est pas courant chez les jeunes enfants, moins rare chez les adolescents.

À cette période difficile qu'est l'adolescence chez les enfants atteints de maladie génétique, le refus de traitement ou de prise en charge, jusqu'alors plus ou moins acceptés, a tendance à se manifester. Peut-être que les enfants qui ont confiance dans leurs soignants, qui ont la capacité de prendre un peu de recul vis-à-vis de la maladie (« Ça pourrait être plus grave… »), et qui ont la chance d'avoir le sens de l'humour, arrivent mieux à conserver une certaine compliance aux traitements ou autres prises en charge qui leur sont « infligés ».

### Si le sens de l'humour est effectivement génétique, est-ce qu'un non-porteur de ce gène est condamné à ne jamais être drôle ?

Si je suis quasiment certain que le sens de l'humour est modulé par des facteurs environnementaux, ce n'est pas complètement le cas quant à l'implication de facteurs génétiques. Si tel est le cas, il n'existe à mon avis certainement pas un gène de l'humour, mais plutôt une constellation de gènes en interaction les uns avec les autres (modèle « plurigénique »). En fait, les 7 milliards d'individus de notre planète sont tous porteurs des mêmes gènes. Il faudrait admettre que la constellation de gènes hypothétiques ait globalement disparu chez un individu pour envisager le scénario que vous évoquez dans votre question. Une telle situation paraît bien peu probable.

### L'humour, au fil de la vie, peut-il se dégrader (perdre l'humour comme perdre la mémoire) ? Ou, au contraire, devenir plus fort ? Et cela se constate-t-il dans le cerveau ?

Je ne suis pas capable de répondre à la dernière des trois questions, car je ne suis ni neurophysiologiste, ni neuropsychologue, ni neuropsychiatre.

En revanche, il me paraît certain que le sens de l'humour peut s'atténuer, voire disparaître, dans le cadre de maladies neurodégénératives d'origine génétique telles que la chorée de Huntington, le FXTAS ou autres, qui s'accompagnent inéluctablement d'altérations graves des fonctions cognitives.

Inversement, les maladies génétiques chroniques qui s'aggravent plus ou moins progressivement (myopathie de Duchenne, mucoviscidose...) tout en préservant les fonctions cognitives peuvent certainement donner, chez certains esprits forts, le goût de l'humour, parfois noir. Ne dit-on pas que « l'humour est la politesse du désespoir » ?

« Quand Dieu annonça
à Abraham et Sarah la future
naissance de leur enfant,
les deux rirent de manière
hystérique. Abraham tomba
face contre terre. Il se mit à rire
et Sarah se mit à rire en
elle-même. Ils eurent Isaac,
qui veut dire “il rit”. »

# ÊTES-VOUS UN BON PARENT ?

**Rire de ses enfants pour vivre une parentalité heureuse**

**Mon fils m'a demandé comment c'était d'être parent.**

**Je l'ai réveillé à 3 heures du matin parce que je ne trouvais plus mon oreiller.**

Avec mon blog SerialMother, mes réseaux sociaux, mes livres, j'ai pris le parti de rendre la parentalité drôle afin de prendre du recul et de rire plutôt que de pleurer.
Car oui, il n'est pas évident d'être enceinte, de faire pousser un bébé, d'accoucher, de se lever 678 fois la nuit pendant des années parfois, de ne pas péter les plombs quand il y a un caprice, de savoir gérer l'adolescence. Bref, d'être parent. Alors on en rit, c'est mieux, ça décomplexe ! Voici un petit quiz pour vous. De rien.

Ne vous posez plus la question, ne tournez plus autour du pot (de chambre). Faites le quiz et pendez-vous !

**1/ Votre enfant fait pipi au lit au beau milieu de la nuit.**

a. Vous ne vous levez pas.

b. Vous vous levez, constatez les dégâts et dites : « Et merde, mon matelas… »

c. Vous vous levez, lui enlevez son bas de pyjama et lui dites de se recoucher sur une serviette elle-même humide de la douche de la veille.

**2/ Votre enfant a une mauvaise note à l'école en dessin.**

a. Vous lui dites que le dessin ça ne sert à rien.

b. Vous lui demandez en quelle classe il est.

c. Vous approuvez la maîtresse, c'est moche.

**3/ Votre enfant a envie de manger des pâtes ce soir pour la cinquième fois de la semaine.**

a. Dans les pâtes y a du blé, non ? C'est donc bio. Et c'est bien.

b. Il lui faut des forces pour affronter sa nuit.

c. Bah, comme si vous aviez le temps de lui faire une jardinière de légumes vapeur ?

**4/ Votre enfant ne sait pas faire de vélo à 17 ans.**

a. Du moment qu'il sait marcher, hein…

b. Bah, c'est la lose, et vous lui dites.

c. Vous n'avez jamais eu le temps de lui apprendre. On ne peut pas être partout !

**5/ Votre enfant dit plein de gros mots. Il a 18 mois.**

a. Faut bien que jeunesse se passe.
b. Ça vous fait rire.
c. Le souci c'est qu'il oublie de rajouter « putain » à la fin de ses phrases.

**6/ Votre enfant n'a pas envie de se laver les dents ce soir.**

a. Bof, il ne va pas en mourir.
b. Allez, un bonbon à la menthe fera « effet brossage de dents ».
c. Il pue de la bouche, mais c'est son problème.

**7/ Votre enfant n'a plus de chaussettes propres ce matin.**

a. Ah, parce qu'en plus faut laver son linge ?
b. Il remettra la même paire qu'hier. Y a pire.
c. Il a qu'à mettre les chaussettes de son petit frère. C'est extensible le coton, non ?

**8/ Votre enfant a des poux.**

a. Même pas en rêve vous les lui enlevez.
b. Vous le mettez en quarantaine chez ses grands-parents.
c. Allez, on coupe TOUT.

**9/ Votre enfant a fait un cauchemar.**

a. Vous lui dites : « OK, et donc ? »
b. Vous lui dites : « Oui, mais là il est 4 h 12, on en parle demain ? »
c. Vous faites la sourde.

### 10/ Votre enfant a perdu sa dent.

a. Vous lui dites : « Aïe, t'es pas super beau sans dents devant ! »
b. Vous lui dites : « La petite souris a des problèmes de trésorerie. »
c. Vous lui trouvez une ressemblance avec mémé Hélène qui n'a plus de dents. Enfin il ressemble à un membre de la famille !

### RÉSULTATS :

Une majorité de A (de B ou de C) : vous êtes sûrement une chouette personne, une femme géniale, une mère qui se donne du mal, mais non, vous n'êtes pas parfaite et TANT MIEUX, car la mère parfaite est une (vraie) connasse.

**Quand tu as l'impression d'être une mauvaise mère, souviens-toi que la mère dans *Maman, j'ai raté l'avion* met la moitié d'un trajet Chigago-Paris avant de se rendre compte qu'elle a oublié son enfant.**

# CHAPITRE 2

## GARDER SON ÂME D'ENFANT

*« Aimez l'enfance, favorisez ses jeux, ses plaisirs, son aimable instinct. Qui de vous n'a pas regretté quelquefois cet âge où le rire est toujours sur les lèvres, et où l'âme est toujours en paix ? Pourquoi voulez-vous ôter à ces petits innocents la jouissance d'un temps si court qui leur échappe, et d'un bien si précieux dont ils ne sauraient abuser ? »*

Jean-Jacques Rousseau

## D'humour et d'eau fraîche

Nous savons désormais que faire l'amour en riant peut faire des bébés drôles (ou pas, en tous cas ça muscle le périnée et ça soude le couple) et que les prémices de la vie sont faits de rire et de joie. Mais qu'en est-il par la suite ?
L'humour est-il comme une graine qui s'arrose et qui pousse et grandit avec le temps ? Est-ce une racine qui prend son origine dans le berceau familial pour continuer d'y grandir ou est-ce l'école de la vie (et l'école tout court d'ailleurs) qui forge un esprit rigolo ?

Sans vouloir nous la jouer « on sait tout », on sait qu'un enfant qui rit est a priori content.
Voici une info pour éclairer nos propos : un enfant rit en moyenne 300 fois par jour, tandis qu'un adulte rit 20 fois. Cela veut-il dire que les enfants sont plus drôles ? Qu'ils ont plus d'humour ? Qu'ils sont plus heureux ? Oui, sans doute.
On associe souvent enfance et rire. En effet, le rire est un signe de bonne santé. Nous avons des enfants, nous savons de quoi nous parlons. Ainsi, depuis leur plus jeune âge, nous avons eu à cœur de les faire rire car, comme nous vous le

disions précédemment, l'humour chez nous c'est essentiel. C'est comme bien manger ou être propre.
On les a chatouillés, on leur a fait des blagues débiles, on a caché nos mains derrière notre dos, on a fait des prouts avec nos bouches (et avec nos fesses) et on a observé. Ils ont ri. Un peu, beaucoup, à la folie.
Pour nous, un enfant qui rit va bien. Car comme l'a dit notre ami Victor Hugo : « Nul n'ira jusqu'au fond du rire d'un enfant. »

Pourquoi tous les enfants du monde aiment-ils dire « prout » et « caca », comme le prouve le succès du livre de Jessica *Pipi caca prout* ? (Jessica a un niveau de vocabulaire proche de celui des très petits enfants.)
À quel âge l'humour glisse-t-il du degré scato vers les blagues de Toto pour enfin devenir, on l'espère (désolée Jean-Marie Bigard), plus fin.

On leur rebat les oreilles toute la journée de « mange cinq fruits et légumes par jour », « va faire pipi », « lave-toi les dents », « dis bonjour à la dame », « finis tes devoirs », « va te coucher », « sois sage », « débarrasse », « éteins la télé », « tiens-toi droit », « arrête de te balancer », « travaille bien », « sois poli », « sois gentil ».
Nous, on vous conseille de leur dire (aussi) : « pour bien grandir, ris au moins cinq fois jour », « va rire un coup », « dis bonjour en riant », « ris de tout », « ris de rien », « ris », « ris bien », « sois drôle ».

Qu'est-ce qui fait rire les enfants d'aujourd'hui ? Et qu'est-ce qui faisait rire ceux d'hier ? Le second degré est-il donné à chaque enfant et faut-il d'ailleurs en user et en abuser dans leur éducation ? Pourquoi et comment celui qui fait rire la classe devient-il une sorte de star dans son école ? L'humour serait-il plus fort que la beauté et l'intelligence ? Et d'ailleurs, être drôle n'est-il pas une forme supérieure d'intelligence ?
Un enfant qui fait rire doit-il être glorifié ou être mis dans la case « insolent » ?

Ce sont toutes ces questions qui sont venues réveiller nos deux âmes d'enfant. Parce que nous avons ri aussi en nous asseyant sur un coussin péteur ou en jouant aux cartes des Crados (ce n'est pas Edwige Coton-Tige qui dira le contraire), nous avons décidé d'interroger des enfants, des spécialistes, des auteurs de la littérature jeunesse dite fun (donc pas Houellebecq) pour comprendre les mécanismes du rire chez les 2-12 ans.
Retombons en enfance, là où l'humour est aussi essentiel que les crottes de nez.

On ne va pas se mentir. On est du genre honnête, nous. On adore que nos enfants soient beaux, intelligents, cultivés, sportifs et curieux, mais on aime encore plus qu'ils aient le sens de l'humour. Un enfant qui fait des blagues, qui a du second degré, qui rit aux blagues des autres, qui capte les jeux de mots est un chouette gamin.
Ainsi donc, l'héritage passe par le rire. Comme une colonne vertébrale, un ADN familial.

L'humour est devenu une valeur cardinale dont les parents aiment se vanter : « Oh, il est beau, oui ! Mais il est surtout siiiii drôle ! », « C'est un pitre, il amuse tout le monde ! », « Il a des formules si marrantes ! »
L'humour donc. Cette chose qui ne s'apprend pas, mais que la famille tente d'instiller. Walt Disney disait que « le rire n'est pas un ennemi de l'apprentissage », il va avec le reste.
Car nous savons qu'un enfant qui rit, qui sait avoir du recul sur lui-même, qui peut rire de lui ou de situations saugrenues, est un enfant qui deviendra un chouette adulte.

## Nos enfants sont-ils plus drôles que nos parents ?

L'humour a changé. Les dessins animés et livres proposés aujourd'hui aux enfants sont bien plus drôles qu'à notre époque. Alors autant vous dire qu'au temps de nos parents, ça devait pas être réjouissant (on ne vous parle même pas de l'enfance de Louis XIV).
Lorsque le premier Disney est sorti, *Blanche-Neige*, en 1934, on ne peut pas dire que c'était franchement drôle. C'était même franchement chiant. Le personnage le plus fun du film était Atchoum, nain au visage déformé par la morve. Bref, on rigolait pas des masses. Quant aux livres, *Martine fait du vélo dans les champs* ou *Le Club des cinq*. Pas folichon. Nos parents ont dû lutter pour devenir drôles car à cette époque, les enfants ne devaient pas avoir accès à l'humour. Non, c'était un truc de grands. Mais qu'ils étaient cons, à l'époque... ils n'avaient RIEN compris. RIEN.

Et puis, il y a une quarantaine d'années, les gens sont devenus un peu plus intelligents (un lien évident avec nos naissances). On a vu arriver des dessins animés bourrés d'humour et de second degré (bon, OK, surtout depuis vingt-cinq ans, âge que nous avons dans nos têtes).
L'humour et avec lui le second degré ont débarqué sur les écrans. D'*Aladdin* au *Roi Lion* en passant par *Les Minions*, l'humour est là.
L'humour ultime résidant dans le dessin animé *Shrek*, qui propose non seulement des prouts et des rots, mais qui fait d'un ogre laid et gros un héros adoré par les enfants.
On a enfin accordé aux jeunes enfants la possibilité de laisser libre cours à leur humour, et donc à leur intelligence. Et c'est bien !

## Votre enfant est-il super drôle ou pas ?

On vous rassure : aucun enfant n'a été maltraité pour ce billet.
Quand ils sont petits, tout petits, on les chatouille, on leur fait faire l'avion, on se cache derrière un rideau et ils rigolent à gorge déployée, à bouche largement ouverte, dans un étouffement parfois flippant. Et ils rigolent de tout, de rien, des bruits suspects, des yeux écarquillés, des chansons à la con. Jusque-là tout les fait rire, et on ne sait pas encore si eux ont de l'humour.
Mais vers 4 ou 5 ans, ils commencent à faire des farces. Et c'est là que... parfois... le drame survient : il n'est pas drôle, pas subtil. On vous rassure : RIEN n'est définitif. Tout, en humour, est une question de circonstances et de timing.

Un enfant qui fait exprès de se cacher sous un lit, c'est drôle trois minutes, mais si ça dure plus, c'est que cet enfant est lourd.
Un enfant qui fait croire que le chocolat c'est du caca, bah c'est drôle s'il a 4 ans, mais c'est chelou s'il a 9 ans.
Un enfant qui imite le chien et qui se met à aboyer dans la rue en levant la jambe, c'est drôle si ça arrive une fois, c'est con si ça arrive à chaque fois (on vous donne une astuce : rendez vos enfants et prenez un chien, un vrai).
Bref, un enfant qui tente l'humour pas drôle, c'est comme un mec bourré. C'est touchant au départ, mais c'est insupportable à la longue.
Éduquez vos enfants, mince !

**J'ai remplacé tous les bons chocolats du calendrier de l'Avent des enfants par des Mon Chéri®. Ça va bien les calmer, ces petits cons.**

## Le coussin péteur fait-il rire à tout âge ?

On a les questions et les débats qu'on mérite. Que le premier qui n'a pas ri en s'asseyant sur un coussin péteur lève le doigt.

Vers 5-6 ans, le coussin péteur fait rire. Il fait rire parce que le bruit du prout, l'interdit du prout, et puis surtout la blague de placer cet objet sous les fesses de papi, de mamie ou de la maîtresse d'école.

C'est con un coussin péteur, mais ça fait le job (comme Brad Pitt).

Le coussin péteur, c'est l'humour qui arrive, c'est l'esprit critique qui débarque.

Oui, mais est-ce qu'on peut rire avec le coussin péteur à 12 ans ? À 15 ans ? À 25 ans ? À 55 ans ? Y a-t-il une date de péremption ? Et si oui, cela ne reviendrait-il pas à perdre son âme d'enfant et une part d'humour ?

Pour répondre à cette question importante, nous avons fait appel à un comité de spécialistes mondiaux.

Après des études approfondies (désolées), le CCP (Comité du coussin péteur) a donné sa réponse : OUI, on peut rire à tout âge du coussin péteur.

Pour plus d'informations scientifiques, suivez-nous sur nos comptes @mamouz et @ze_serial_mother.

*« Depuis que je suis petite, j'ai été éduquée au sens de l'humour. »*

*« Mon père nous mettait des cassettes de Groucho Marx, de Fernand Raynaud et encore aujourd'hui avec mes sœurs on se fait des blagues dessus. »*

Anne Akrich, autrice

## JESSICA, #SERIALMOTHER, A INTERROGÉ DES ENFANTS EN LEUR DEMANDANT À QUOI SERT L'HUMOUR.

**« L'humour c'est être drôle, et être drôle c'est super et c'est la vie. Je ris quand je joue avec mon chien et quand on me chatouille. »**

Max, 5 ans

**« Rire sert à exprimer sa joie. L'humour, c'est quand tu rigoles à une blague. L'humour, ça dit ce qu'on ressent au fond de nous. Mon ami Roman me fait rire, mes parents aussi. »**

Arthur, 9 ans

**« Le rire, c'est le bonheur. Quand une personne rit, tu sais qu'elle est bien dans sa peau. Il y a différentes sortes d'humour, je crois. Tu peux avoir de l'humour triste, raciste, l'humour au second degré, l'humour de Toto. Mon père me fait rire, il est drôle. »**

Roman, 9 ans

# Quelques mots d'enfants qui nous font rire

Qu'y a-t-il de plus merveilleux que l'humour qui vient de la bouche des enfants, sans même que cela soit fait exprès ? Cela s'appelle des mots d'enfants.

Petit florilège (parce que nous on adore).

**Dans la maison de campagne de sa cousine :**

*« Maman, à quoi sert un grenier ?!*

*– À y mettre les choses dont on n'a plus besoin, les vieilles choses...*

*– Ah, eh bien, il faut y mettre papi ! »*

Lena, 5 ans

*« Aujourd'hui, c'est l'anniversaire de ton arrière-mamie, elle a 94 ans !*

*– Ah ! Mais elle aurait pas un peu oublié de mourir ? »*

Ella, 5 ans

*« Tonton, il habite à l'ombre. »*

Zac, 5 ans, dont le tonton habite à Londres.

**Devant sa maman qui sort de la douche :**

*« En fait, maman, tu es un papa qui a perdu son zizi. »*

James, 4 ans

Prise de conscience :

*« Maman, en fait, c'est toi et papa qui m'avez créé ?*

*– Oui.*

*– Mais... mais sans vous je ne serais pas là ?*

*– Probablement pas, non.*

*– Comme quoi... la vie tient à pas grand-chose. »*

Augustin, 7 ans

Juste après le décès de son grand-père :

*« Papi, il est mort parce qu'il était périmé ? »*

Alma, 5 ans

*« Qui était le président de la République avant Chirac ? Mi... Mi... Mi...*

*– Mimi Mathy ! »*

Jules, 5 ans et demi

*« Maman, je veux du sirop des larmes sur mes pancakes. »*

Max, 4 ans

Devant un pot de miel :

*« Mais comment elles ferment le pot, les abeilles ? Elles ont pas de mains... »*

Noé, 4 ans

Après que sa mère lui a refusé un énième bonbon :

*« T'es nulle, maman !*

*– Ben dis donc ! Comment tu parles à maman !*

*– En français ! »*

Gildas, 4 ans

Dans la rue, en voyant passer un homme aveugle, la maman de Matthieu, 6 ans, lui demande :

*« Chéri, comment on appelle quelqu'un qui ne voit pas ? Il est... ?*

*– Malheureux ! »*

*« Chéri, appelle ton frère, s'il te plaît.*

*– Ton frèèèèèèère ! »*

Maëlie, 5 ans

**Les raisins secs qui font semblant d'être des pépites de chocolat dans les gâteaux, grandissez un peu !**

## « J'AI BEAUCOUP VANNÉ MES ENFANTS », ALIX GIROD DE L'AIN, JOURNALISTE

Alix Girod de l'Ain écrit des articles bourrés d'humour sur la vie des femmes pour le magazine *ELLE*. Elle est aussi mère de trois enfants et autrice de plusieurs ouvrages sur la vie de couple. Rien que ça.

« Mes enfants n'ont pas eu le choix, les pauvres... Je les ai beaucoup vannés, dès leur plus jeune âge (on peut se marrer énormément avec les bébés), donc ils sont bien armés. Le second degré, c'est leur langue maternelle en quelque sorte ! Mais ils sont plus pince-sans-rire que moi, plus dans la retenue, comme leur père. J'ai des SMS d'un seul mot de mon dernier fils qui sont tordants, en réponse aux miens, qui font 8 kilomètres... Et ils ont aussi des références d'humoristes que je ne connais pas, surtout des Américains. Ce qui est très bien, je trouve. Chacun son terrain de jeu, chacun ses idoles ! »

## « LE DERNIER DE LA FAMILLE, C'EST LE PETIT CLOWN QUI MET DE LA LÉGÈRETÉ PARTOUT », CHARLOTTE CAMPANA, COMÉDIENNE

« Pour moi, tout est une construction, et donc l'humour est aussi une histoire d'éducation. Mes parents étaient drôles et fantaisistes, et ils m'ont transmis l'art de ne pas se prendre au sérieux, de tout voir avec un décalage et de ne pas avoir peur de déplaire. C'est un énorme avantage.

Pour moi, quand tu es le dernier de la famille, tu es un peu le poumon émotionnel, le petit clown qui met de la légèreté. Mon père nous a demandé à chacune quelque chose pour son anniversaire : à mon aînée un tableau, car elle a fait les beaux-arts, à la deuxième un discours, car elle est très structurée, et à moi un sketch, alors que je n'avais aucune volonté de faire ça à l'époque. »

## LES BLAGUES CARAMBAR®, PAR UNE DE LEURS AUTEURS, SARAH BARUKH

*Avec Jessica on a eu une chance folle, celle de rencontrer une autrice de blagues Carambar®. Elle est devenue l'écrivaine Sarah Barukh. On lui a demandé ce que ça fait d'être payée pour faire des blagues.*

« Ma mission était de renouveler leur stock d'idées. J'avais 23 ans, j'ai proposé de faire trois nouvelles séries :

- Les "Tu préfères...", lancés par Élie Semoun.
- Les "Trois bonnes raisons de...".
- Et pimper des blagues classiques en trouvant un ton plus moderne.

J'ai donc appris à créer des blagues (je rigole en vous en parlant). Il faut une structure simple qui permet de décliner à l'infini. C'est aussi une question mathématique : une histoire doit être très courte avec une situation dramatique (au départ on parle d'un crash). Les grands auteurs de tragédie doivent être sans doute des auteurs de blagues incroyables. Et il faut ajouter quelques grammes de surprise. Je dirais surtout que réussir une blague, c'est aussi une question de bon moment, pour la recevoir. Ce n'est pas une question d'âge, mais plutôt de timing. Dans un spectacle, il y a une mise en scène qui permet d'être en condition pour recevoir une blague, sinon elle tombe à plat.

Ce qui était drôle, c'est que j'envoyais chaque jour 200 blagues, soit 1 500 par semaine. Certaines n'étaient pas considérées comme bonnes. J'avais monté une usine à blagues, à chaque jour son lot de blagues, soit oui, soit non...

Ma préférée, celle dont je me souviens encore vingt ans après : "Tu préfères avoir des aisselles en bois ou avoir des dents en mousse ?"
La recette magique de Carambar®, c'est d'associer le plaisir du sucre au plaisir du rire.
J'ai adoré faire ce boulot, mon père dentiste beaucoup moins. »

*« Je pense que la bande dessinée et l'humour sont extrêmement importants. Ils sont liés à l'enfance. Ils permettent d'enraciner des valeurs et des espèces de sources qui vont finalement nous accompagner à travers toute notre vie. C'est fondamental. »*

Jul, auteur de BD

## Top cinq des mots qui font rire les *kids* (à surtout reproduire chez vous)

1. **Prout** (si en plus on ajoute le son, on est certains du succès).

2. **Caca** (on remplace les mots par « caca » : « Tu veux de la purée de caca ? ») avec sa variante caca boudin.

3. **Pipi** (comme pour le caca, les enfants raffolent de ce mot. Un jus de pipi ?).

4. **Les trois en même temps** (combo magique).

5. **Grosses fesses poilues** (toute ressemblance avec un personnage existant blabla...).

**Le saviez-vous** (à propos de prout), on a retrouvé la plus vieille blague au monde, c'est une blague sumérienne qui date de 1900 avant J.-C., on vous la livre : « Une chose qui n'est pas arrivée depuis des temps immémoriaux, c'est qu'une jeune épouse ne pète pas sur les genoux de son mari. »

## Top cinq des blagues qui font rire les enfants (ou les adultes à l'esprit jeune)

1. Tu connais l'histoire de Toto aux toilettes ?
Non, il avait fermé la porte.

2. J'ai deux pieds, six jambes, huit bras, deux têtes et un œil. Qui suis-je ? Réponse : un menteur.

3. Qu'est-ce qui est petit et marron ?
Réponse : un petit marron.

4. Qu'est-ce qui est jaune et qui court très vite ?
Réponse : un citron pressé.

5. Quel est le pain préféré des magiciens ?
Réponse : la baguette.

**No pain.
No tartines.**

« Je ne me sens pas sans faille, mais je me sens adulte et père. Dans tout ce bordel, je crois que mes enfants ont trouvé un équilibre qui m'épate. Et ils sont très drôles. »

Alain Chabat à propos de ses trois enfants

# « ENFANT, J'ÉTAIS DÉJÀ DRÔLE », MAURICE BATHÉLEMY, COMÉDIEN

*Comédien, auteur, réalisateur, il a connu la notoriété grâce à ses sketchs comiques au sein de la troupe des Robins des bois dans les années 1990. L'humour, c'est un sujet qu'il connaît bien, puisqu'il a également écrit et réalisé plusieurs comédies comme* RRRrrrr!!!, Low Cost *ou la parodie de film d'horreur* Pas très normales activités. *Récemment, il a écrit un livre sur son hypersensibilité : un super-pouvoir pour voir le monde différemment, et l'humour aussi.*

## Quand as-tu réalisé que tu étais drôle ?

Je crois que j'ai toujours été drôle. Je me souviens que gamin, je faisais beaucoup rire les adultes parce que j'avais un humour d'adulte. Je racontais les blagues apparemment assez bonnes et ça faisait hurler de rire les adultes de voir un enfant faire ça. Et moi, ça me flattait de faire rire les adultes, on m'autorisait à faire mon intéressant, et ça traduisait une forme de maturité. Ce qui était drôle d'ailleurs, c'était ce décalage du gamin qui raconte des blagues d'adultes.

## C'est dans l'ADN Barthélemy, le rire ?

J'avais une famille très farfelue, un père diplomate qui est devenu menuisier, et une mère prof d'espagnol qui est devenue conteuse. Des parents très soixante-huitards. Il y avait une super ambiance à la maison, quelque chose de très vivant avec mes sœurs, ma famille, c'était un peu l'auberge espagnole le week-end. On m'encourageait pas mal à déconner. Ma première scène a été quand la maison était pleine de gens venus de partout dans le monde. Vu que c'était le bordel absolu chez moi, c'était un moyen d'exister, de faire rire. J'étais le dernier après trois grandes sœurs. C'était un peu l'arme du désespoir.

INTERVIEW

## Comment expliques-tu ton apprentissage du comique ?

Je crois que j'étais un gamin assez rapide, donc je voyais bien ce qui fonctionnait, j'avais compris qu'il fallait sortir des blagues d'adultes pour faire rire les adultes. Je faisais beaucoup d'imitations des gens de mon entourage parce que mon hypersensibilité me permet d'être très observateur et d'imiter très vite quelqu'un que je connais à peine. Je m'autorisais, vu que j'étais un enfant, à me moquer des adultes comme eux n'auraient pas pu le faire. C'était quelque chose d'assez spontané, pas quelque chose que je calculais à l'avance. C'était plus fort que moi.

## « TU SAIS, C'EST TOI LA PLUS DRÔLE DE LA FAMILLE », JUDITH ELMALEH, SŒUR DE GAD ET ARIÉ, AUTRICE D'*UNE REINE* (ROBERT LAFFONT)

« Dans cette famille nous étions tous drôles, ou du moins nous tendions à l'être. Ce n'était pas une appréciation, c'était un état, une nécessité. Nul besoin d'être le plus beau, le plus instruit, le plus riche : il fallait être le plus drôle pour susciter l'admiration, ou simplement pour être considéré. [...] Et puis, un jour, cette existence tranquille a été bousculée par mon père, qui m'a murmuré à l'oreille : "Tu sais, c'est toi, la plus drôle de la famille." [...] J'avais 11 ans, un âge où l'on confie à sa fille qu'elle est la plus jolie, la plus intelligente. Moi, j'étais la plus drôle. »

## À tester sur des enfants

1. **M. et Mme Fonfek ont une fille,** comment s'appelle-t-elle ? Sophie (saucisson sec).

2. **M. et Mme Deuf ont un fils,** comment s'appelle-t-il ? John (jaune d'œuf).

3. **M. et Mme Nana ont un fils,** comment s'appelle-t-il ? Juda (jus d'ananas).

4. **M. et Mme A ont deux filles,** comment s'appellent-elles ? Emma et Karen (Eh Macarena !).

5. **M. et Mme Fraichi ont deux filles et un fils,** comment s'appellent-ils ? Laurent, Gina et Sarah (l'Orangina, ça rafraîchit).

# « PEUT-ON RIRE EN CLASSE OU PAS ? », LAURA KELLER-HADDAD, PROFESSEURE DES ÉCOLES

## En classe, quels sont les élèves qui vous font rire ?

Pour commencer, je suis quelqu'un qui adore rire (peut-être moins de moi-même) et je pense être capable d'être drôle.
Donc forcément, mon enseignement, très lié à ma personnalité, s'en ressent. J'ai besoin de faire rire mes élèves, de leur transmettre enseignement et plaisir d'apprendre avec humour, et j'ai besoin qu'ils apprennent à rire également, parce que c'est le remède à beaucoup de choses, y compris à l'école. Je théâtralise énormément, je surjoue et j'enchaîne pitrerie sur pitrerie, parce que tout passe tellement mieux.
Je leur apprends aussi qu'on peut rire de tout dans le respect de chacun.
Bien évidemment, un enseignant transmet, mais il reçoit aussi beaucoup de ses élèves, que ce soit des leçons de vie, de courage, de volonté, de renversement de situation, d'amitié, de simplicité et de sincérité. Bref, j'en apprends tous les jours ! Mes élèves sont jeunes puisqu'il s'agit d'élèves du primaire, mais très vite se distinguent les traits de caractère et la personnalité de chacun. Et parmi eux, on détecte chaque année les p'tits rigolos. Peu importe les raisons pour lesquelles ils le sont ; finesse d'esprit, humour naturel déjà si tôt, humour noir, masquer un complexe ou une tristesse, se donner une image, un rôle, une autre personnalité, attirer l'attention, taquiner les autres, chambrer ou « pranker » comme ils disent les djeuns, embêter ou se moquer de la maîtresse... pour toutes ces raisons ils peuvent être très drôles et me faire sourire, m'émouvoir comme me faire éclater de rire.

## Encouragez-vous cela en classe ?

Il m'est arrivé de nombreuses fois d'installer la minute du rire lorsque la tension est palpable ou lorsqu'une situation très drôle se produit et qu'on a tout simplement tous ensemble besoin de rire ! Et ça fait un bien fou.
En revanche, il est strictement interdit dans ma classe de se moquer pour faire rire ! On travaille sur l'autodérision parce que c'est fondamental, mais jamais en blessant ou en humiliant. On peut rire de ce qu'on peut aider à corriger ou à améliorer, rire à condition que ce soit constructif et non destructeur.
En sachant tout cela, tous mes élèves sont amenés à me faire rire, peu importe qu'ils soient de grands comiques ou non.

## Un élève « drôle » devient-il populaire ?

Je ne sais pas si un élève drôle devient plus populaire qu'un footeux, mais ce qui est certain, c'est que c'est libérateur et qu'il fait du bien aux autres sans même s'en rendre compte.

## Qu'ont en commun les élèves drôles ?

Les élèves drôles et capables de rire dans le respect de chacun ont en commun une certaine finesse d'esprit, bien sûr, mais souvent ils sont bien dans leurs baskets.

## L'humour à l'école c'est important ou ce n'est pas le lieu ?

L'humour à l'école c'est fondamental pour apprendre (on se souvient davantage d'une séance sur le passé simple lorsqu'on a fait les clowns que lorsqu'on avait envie de se pendre tellement c'est compliqué et pas spontané pour eux), c'est fondamental pour avoir du plaisir parce que le plaisir fait naître l'envie et ouvre alors toutes les portes… Et puis surtout, c'est fondamental parce que si l'on regarde en arrière, on réalise à quel point l'école c'était vachement sympa, et que ça l'est encore plus quand on se marre.

## MATHIAS GOROG

*Pédopsychiatre du service de psychologie et psychiatrie du centre hospitalier Sainte-Anne.*

### L'humour peut-il être un trait de caractère chez l'enfant ?

On n'a pu trouver qu'une mosaïque de facteurs génétiques qui sont eux-mêmes modifiés par l'environnement : l'épigénétique. Il est extrêmement difficile de considérer qu'un gène est vraiment déterminant dans une maladie psychique, bien que tous les gènes puissent bien entendu intervenir. Par exemple, si la schizophrénie n'est pas un trait génétique, il me semble peu polémique de dire que celui si subtil de l'humour risque fort d'en être davantage émaillé. Il y a certainement un bout de trait génétique là-dedans, mais ça me paraît quand même tout à fait secondaire. Il faut noter que l'imagerie cérébrale nous montre qu'une réplique drôle et efficace, ou une blague, réveille des zones d'activité distinctes dans le cerveau. Le striatum ventral, partie du cerveau qui est associée à la récompense, s'échauffe quand on se croit très drôle, et on peut le voit à l'IRM. D'ailleurs, on peut observer un processus étonnant : quand on se croit drôle, on réveille des récepteurs comme quand on est un peu shooté.

### L'humour est-il développé par des facteurs externes comme l'entourage ?

Je ne vois pas par quoi d'autres il pourrait être développé, à peu de choses près.

### À quel âge décèles-tu de l'humour chez l'enfant ?

Je vais mettre le drôle de côté. Le drôle ce n'est pas l'humour, on peut être drôle sans le vouloir.

Chez les enfants, tout ça doit apparaître très très tôt. À la fin de la petite enfance, les choses qui sont liées à l'humour sont

assez bien mises en place. Elles sont déjà prêtes à apparaître vers 5 ans, mais je suis convaincu que l'humour ils l'ont déjà, je vais vous dire pourquoi à partir de la psychanalyse.
C'est une distinction faite par Freud dans son livre *Le Mot d'esprit et sa relation à l'inconscient*. L'humour est plus féroce, il appartient au sujet. Le mot d'esprit, c'est un jeu de mots, on y voit l'insistance freudienne de ce qu'on appelle « le signifiant ». Mais il partage quand même avec l'humour une dimension de ruse, dans le fait d'accueillir temporairement quelque chose du refoulé. Finalement, en contournant une certaine résistance, on y associe un gain de plaisir. Tout ça c'est dans Freud, donc ça rejoint ce qu'on a vu avec l'IRM. L'autre point commun entre l'humour et le mot d'esprit, c'est évidemment la dimension de vérité, ou de variété, comme dirait Lacan de la variété de la vérité. Il y a plus d'une vérité, et c'est ainsi qu'on peut voir sa trace dans l'humour. L'humour fait référence à plus d'une vérité, y compris à celle que l'on ne saurait dire.

### Est-ce que tu observes une plus grande résilience chez les enfants qui ont le sens de l'humour ?

C'est une question très difficile, l'humour est aussi un signe de fragilité, la phrase qui s'y réfère et qui peut nous servir de guide : « L'humour, c'est la politesse du désespoir. » Tout le monde se l'attribue, mais c'est Chris Marker, réalisateur, écrivain, illustrateur et poète français qui l'a prononcée. Bien entendu, l'humour ça aide, mais c'est aussi le signe d'une dimension plus dépressive, d'une mélancolie propre à l'humour, d'une lucidité féroce. Le mélancolique peut avoir un humour féroce, mais quand il est symptomatique, là, même l'humour a disparu. Le bipolaire dans un état de stabilité a beaucoup d'humour.

## Est-ce qu'au contraire, l'humour est parfois utilisé pour fuir ses problèmes et/ou détourner l'attention de ses blessures ?

Freud associe le surmoi avec l'humour. L'humour a quelque chose à voir avec le surmoi, qui guide le sujet, qui permet au moi d'être préservé de la souffrance, de traumatismes extérieurs. On peut même y trouver du plaisir.

Lacan va illustrer, mettre en scène les rapports du surmoi et du fantasme : « L'humour est le transfuge dans le comique de la fonction du surmoi. »

En s'attachant à comprendre le rôle du surmoi, on comprend mieux certains prédicats de l'humour, notamment de l'humour noir.

Freud introduit son texte sur l'humour noir en faisant une blague : il parle d'un lettré qui monte à l'échafaud, rate une marche et s'écrit : « Mauvais présage, un Romain rentrerait chez lui. » C'est aussi l'humour noir d'André Breton : « L'ennemi mortel de la sentimentalité à l'air perpétuellement aux abois – la sentimentalité toujours sur fond bleu. »

Breton encore : « C'est aussi l'excuse la plus commode qu'on puisse invoquer, il y a des gens qui font de l'humour une pratique quotidienne, quoiqu'ils fassent l'excuse est prête, commettent-ils une saloperie c'est par humour, ne commettent-ils rien c'est toujours l'humour. »

On devrait se garder de penser que l'humour est une vertu. Le surmoi est quelque chose de féroce, voire de tyrannique !

Chez Lacan, c'est une instance de jouissance. L'humour « c'est aussi en foutre le moins possible », dit Breton. Dans la cure, en tant que pédopsychiatre, je vois des pères faire des blagues au lieu de parler du problème de leur enfant, ce qui n'est pas toujours du meilleur goût.

## En tant que praticien, utilises-tu l'humour ?

Bien entendu, le rire, l'humour, c'est capital dans un travail de psychiatrie. Et encore davantage dans un travail de psychanalyste.

Dans la psychanalyse, ce qu'il faut savoir, c'est que le rire vaut interprétation. Un psychanalyste sérieux, c'est une catastrophe. Ce qui est sérieux, c'est le dire du patient et pas la posture du psychanalyste.

Mais on ne rit pas du patient, on rit avec lui de ce qui vient de jaillir de son inconscient.

Pour un enfant qui est dans une impasse, qui a un retard de langage ou de socialisation, l'humour est parfois le premier signe qu'on est en train de s'en sortir. Et en général, ça a trait à la jubilation du « stade du miroir » : le bébé se reconnaît, s'émerveille de son image, et le rire jaillit.

Le rire, en psychiatrie, c'est le rire discordant, le rire immotivé du schizophrène, du clown, du Joker...

## Qu'en est-il à l'adolescence ?

Les adolescents ont des manières différentes de gérer leur métamorphose pubertaire. Ils ont des techniques, des défenses, des trucs inconscients. Ils peuvent devenir très intellectuels, pas drôles du tout, ne jamais rigoler. Ils peuvent aussi devenir des ascètes, des ados moines. Il en existe quelques-uns, ce qui peut être problématique. Le plus banal à l'adolescence : Paul Denis appelle « la bêtise affective » le rire que vous connaissez tous, le « ah ah ah », le ricanement bêta des ados. Là aussi, c'est se défendre, parce que finalement le sexuel est là.

## Tu arrives à créer du lien avec les adolescents ?

C'est plus compliqué avec des adolescents de s'appuyer sur l'humour. Avec les ados, trouver une manière de rire qui ne soit pas rire d'eux ou comme eux, c'est le moment le plus délicat. Même dans la question du surmoi, pour reprendre Freud,

est-ce qu'il est modifié ? En tout cas ils sont poussés vers une jouissance et ne savent pas comment s'en dépêtrer.
Quand on y arrive, c'est qu'on est passé à l'étape d'après.

### Peut-on acquérir l'humour ?

Le surmoi est assez inébranlable, il ne bouge pas beaucoup, il est là ou pas, c'est là qu'on retrouve le trait génétique ; même si cela ne se dévoile qu'à l'adolescence, c'est là depuis la petite enfance.
Je pense que ça peut tout à fait s'acquérir au fil d'une analyse.

# CHAPITRE 3

## RIRE EN BANDE, LE PROPRE DE L'ADOLESCENCE

*« À l'adolescence, les humains et les macaques ont les mêmes émotions extrêmes. »*
Valérie Barbe

*« Chez l'ado, le rire aide à s'assumer et à respirer. »*
Jocelyn Lachance, socio-anthropologue, spécialiste de l'adolescence

Selon le dictionnaire Larousse, l'adolescence est une « période de la vie entre l'enfance et l'âge adulte, pendant laquelle se produit la puberté et se forme la pensée abstraite ».

La puberté, OK. La pensée abstraite, on n'est pas certaines de comprendre... Mais l'humour, alors ? Quid de l'humour de l'ado ? On est toutes les deux mères, et des ados on en a. Or on sait pertinemment que l'humour n'est pas le parent pauvre de la pensée abstraite. Non ! L'humour chez les ados c'est hypra important, c'est notamment grâce à lui que le beau gosse du collège peut finalement passer pour un gros naze ou que le mec pas joli joli mais trop drôle peut faire tomber toutes les minettes. C'est aussi lui, l'humour, qui permettra à certains de dédramatiser une mauvaise note, une rupture sentimentale ou une engueulade avec les darons.

Si la case de l'humour a été enclenchée dans l'enfance, il se poursuivra à l'adolescence, mais s'il n'a pas été enclenché car la famille n'est pas fun fun, alors ce sera le moment ou jamais pour l'ado de partir à sa conquête et donc de rompre avec l'austérité des parents. Pas si anodin que ça. L'humour chez l'ado, c'est un peu comme le premier joint (la drogue c'est mal, hein) : on essaie, on voit si ça tient la route et si ça rend les soirées plus gaies.

**Je n'ai pas un mauvais caractère.**

**J'ai juste un héritage familial que je cultive.**

À l'ère des réseaux sociaux et de YouTube, l'humour est partout chez les ados ; il est devenu le canal par lequel se faire aimer, connaître et reconnaître. Les McFLy et Carlito, Jonathan Cohen, bande à Fifi, Natoo sont devenus les stars des ados.
Pourquoi ? Parce qu'ils sont beaux ? Non.
Parce qu'ils sont sportifs ? Non.
Parce qu'ils sont drôles et osent le second degré ? Oui.

En quoi l'humour fait-il devenir adulte ? Pourquoi l'humour est-il devenu une valeur cardinale chez les ados ?
Comment faire rire un ado ? L'humour serait-il pour les ados aussi important que le sexe et la drogue ? L'humour peut-il sauver certains ados égarés ? L'humour chez les ados a-t-il changé ?
Nous avons rencontré des ados (ouais, c'est dingue), mais aussi des spécialistes.
MDR.

## Qu'est-ce qu'un ado drôle ?

Prenez un enfant drôle, ajoutez lui trois poils, 67 boutons, une voix chevrotante, un sens aigu du bordel, un je-m'en-foutisme incroyable, une folle envie de se réveiller à 17 heures le dimanche, une capacité à dire « ouais mais non », une main à laquelle un téléphone est greffé, une odeur plus proche du chacal poilu que du poisson rouge et un avis toujours différent de celui de ses parents. Dans sa chambre, il y a un verre rempli de chocolat devenu froid car l'ado n'a pas le temps de le boire le matin, « tu comprends », il y a une chaussette sale qui recouvre un reste de gâteau, il y a une boule de pantalons que finalement non il n'a pas mis, il y a un coton imbibé d'on ne sait pas quoi qui sent pas la rose, il y a une odeur affreuse de rat mort sous la couette, il y a notre carte bleue qu'on cherchait partout, il y a un livre (et on se dit que c'est une bonne nouvelle sauf que pas de bol, les pages sont arrachées), il y a des tomates (bizarre), il y a du déodorant écrasé, il y a la brosse à dents qui revêt une épaisse couche de poussière (ce qui nous laisse perplexe sur l'état des dents de l'ado pour qui on a vendu deux reins lors de son putain de traitement d'orthodontie).

**Dans chaque famille
il y a un membre bizarre...**

**Si tu ne sais pas qui c'est,
c'est sûrement toi.**

Secouez le tout et vous obtiendrez un ado.
L'ado drôle est souvent le prolongement d'un enfant drôle avec sans doute, on l'espère, un second degré plus prononcé.

Mais pas d'inquiétude : un ado peut être aussi un enfant pas drôle qui a bien tourné.
Un ado drôle serait celui qui a assez de recul sur lui pour rire de lui-même (il faudrait donc qu'il lève son derrière de sa chaise).
Un ado drôle est celui qui se sert aussi de l'actualité pour faire de l'humour.
Un ado drôle est celui qui sait faire rire sans être insolent.
Un ado drôle est celui qui a lu ou vu des trucs fun et qui arrive non sans mal à les retranscrire.
Un ado drôle est celui qui fait marrer ses potes.
Un ado drôle se sert de cela comme arme de séduction massive.
Un ado drôle c'est rare, c'est chouette, c'est la promesse d'une vie d'adulte plus cool.

## L'ado *vs* ses parents ?

On le sait, on a été ado et on a des ados. Cette période est souvent celle où l'enfant – qui devient grand – prend son envol, assoit ses positions, n'est jamais d'accord avec ses parents, se soulève, se rebelle.
Il rejette alors en bloc tout ou partie de ce que pensent ses darons.

Les relations parents-adolescents sont en effet prises dans des mouvements d'ambivalence émotionnelle, de haine et d'amour, de désir d'indépendance et de besoin de sécurité.
OK, mais quid de l'humour ? La rébellion se joue-t-elle aussi sur ce terrain ?
Il n'est pas rare qu'à cette période-là l'ado rejette, avec le reste, l'humour de ses parents, qu'il va tour à tour juger, trouver ridicule avant enfin de s'y opposer.
Ainsi donc, s'il a été biberonné à Jean-Marie Bigard, peut-être que vers 14 ans il va le trouver complètement con (surtout « Le lâcher de salopes », « La chauve-souris » et « Le Français et le mec bourré »). Et peut-être que par esprit contradictoire il va se mettre à aimer Panayotis Pascot, Kyan Khojandi ou Paul Mirabel. Peut-être, sans doute, que l'humour est une des voies possibles pour s'affirmer.
Ainsi donc, on a vu des enfants, dont les parents étaient des fans de Fernandel, trouver que Desproges était plus cool. Ainsi donc, on a vu des enfants, dont les parents ne juraient que par Jean Roucas, aimer Gad Elmaleh. Peut-être que les blagues racistes ou les blagues sur les blondes qui fleurissaient dans les années 1970 ou 1980 seront un sujet de discussion ou d'opposition entre l'ado et ses parents.
Peut-être qu'ils ne se comprendront pas alors. Peut-être aussi que, ô joie, ô bonheur, l'ado va trouver que ses parents, qui aiment les Inconnus et les Nuls, ont des goûts formidables. Peut-être que les bonnes vannes de papa amuseront Gaston, 15 ans.
Et peut-être, sans doute, que ce n'est pas si mal que la transition vers l'âge adulte passe par l'humour.

**L'adolescence, c'est l'époque où ton enfant sait tout... à condition que cela n'ait aucun rapport avec les programmes scolaires.**

## L'humour à portée de main (ou de doigt même)

Dans notre jeunesse, l'humour c'était un territoire lointain qui était la chasse gardée des adultes. Parfois, quand nos parents le voulaient bien, on matait un film de de Funès, on regardait *Palace* à la télé, on écoutait Coluche sur Rire et Chansons, mais en aucun cas on ne s'enfermait à 15 ans dans notre chambre pour rire. Non. Si à 15 ans on s'emmurait dans notre piaule, c'était pour se maquiller, écouter de la musique, faire semblant de lire, essayer des fringues, vider nos placards, écrire sur notre journal intime.

Depuis quelques années, l'ado est muni d'une troisième main qui s'appelle téléphone portable. On peut résister longtemps à cet appareil mais, rendons-nous à l'évidence, le portable est essentiel à la vie d'un ado (officiellement pour aller sur Pronote. Fin de la blague).

Et donc, que fait l'ado depuis dix ans sur son portable (pas le même ado, hein, car l'adolescence ne dure pas dix ans, faut pas déconner) ? L'ado mate le foot, les influenceuses sur Snap et... les humoristes.

Car oui, l'ado a besoin de rire et l'ado aime ça et… c'est plutôt positif.
Combien d'ados se sont frottés à la réalité du monde et à l'humour grâce à Cyprien, Squeezie, Mister V, McFly et Carlito, Natoo ? Combien de fois avons-nous entendu à travers les portes fermées des rires émis par des voix d'hommes en devenir et même de femmes ?
Ces gens-là, ces youtubeurs qui essaient des trucs, qui sont fun, décomplexent nos ados, les sortent de leur monde d'angoisses et rendent leur vie plus drôle. Parfois même, ces humoristes 2.0 réussissent à instruire nos enfants sous couvert d'humour ou à les sensibiliser à des causes.
Finalement, c'est assez chouette cette troisième main aux vertus humoristiques.

## Existe-t-il un humour dédié aux ados ?

Évidemment.
Certes l'humour n'a pas d'âge (comme Céline Dion), mais il reste que cette période particulière, pendant laquelle les parents ne savent pas toujours comment parler avec leurs enfants, a un humour bien à elle. Et tant mieux. À chaque âge son humour après tout.
Ainsi, les films dits « pour ados » des années 2000, comme *American Pie,* étaient au-delà de l'humour scabreux, porteurs d'un message plutôt positif.
L'humour de Michaël Youn et de ses acolytes a porté les ados que nous étions, ainsi que Jonathan Cohen au travers de ses parodies, ainsi que Kyan Khojandi, ainsi que, ainsi que…

L'ado a son propre monde, l'ado se reconnaît dans l'humour qui, par essence, ne sera pas celui de ses darons. Ainsi il rit à un sketch de McFly et Carlito, là où ses parents riront moins, là où nos parents riaient peu devant le *Morning Live*.
Ainsi va la vie.

## Petit lexique de survie en milieu ado

De base, moi je suis une daronne. Du coup, je suis une boloss et c'est sans doute malaisant qu'une yeuv écrive un billet sur le vocabulaire des ados. Mais perso, frère, je trouve ça trop satisfaisant.
Je suis choquée de ouf que mes enfants soient en gênance avec moi, mais j'avoue que du coup, je m'amuse à le faire.
De base, je suis vieille, mais je ne suis pas encore une cassos. Enfin... je crois.
Bref, si vous n'avez pas tout compris, pas de panique, c'est normal. À chaque époque son langage. Je vous propose de lire cet article qui vous mènera en terre inconnue : chez les ados.
Pour ENFIN pouvoir communiquer avec ceux qui partagent votre frigo, squattent votre canapé et votre wifi.

- **Claqué au sol :** « Elles sont claquées au sol tes copines. » Cela signifie qu'elles sont nazes, si nazes qu'elles touchent le sol.
- **C'est le sang :** « Mes potes, c'est le sang. » Dans le sens de famille, de clan.
- **C'est la hess :** « Y a plus rien dans le frigo, c'est la hess ! » Ce qui veut dire que c'est la merde, c'est la lose.

- **Malaisant :** « Maman, tu ne peux pas t'habiller comme ça, c'est malaisant. » Ce qui veut dire : « Ça me met mal à l'aise. »
- **Gênance :** « Nan, mais maman, cette tenue c'est la gênance absolue. » Le message est clair : c'est gênant (synonyme de malaisant).
- **Prank :** « Non, mais toi, tu crois tout ce que je te dis. Nan, mais allô... C'était un prank. » Un prank est donc une blague, un *fake*.
- **Être saucé :** « J'suis trop saucé, on part au ski. » Cela signifie être hyper content.
- **Y a R :** « Bah non, laisse tomber, y a R dans ce magasin ! » Cela veut dire qu'il n'y a rien.
- **C'est trop satisfaisant :** « J'adore me mettre du gloss, c'est trop satisfaisant. » Ce qui signifie : « C'est cool, j'aime bien. »
- **De base :** « Nan, mais attends, de base, moi je voulais pas venir. » Les ados le disent tout le temps. TOUT LE TEMPS. Cela signifie « au départ ».
- **Fin :** « Fin, j'sais pas moi, j'y suis pour rien. » Aussi lunaire que cela puisse paraître, « fin » est la dernière syllabe de « enfin ». Et comme les ados n'ont pas le temps de dire deux syllabes, ils n'en disent qu'une. Voilà.
- **Je suis choqué de ouf :** ici, le mot « choqué » n'est pas celui qui reçoit un choc, mais celui qui est surpris plutôt de façon positive. « J'ai eu 18 en maths, j'suis choqué de ouf. »
- **J'avoue :** dans le top cinq des mots utilisés par les ados. Ici, le mot « avouer » ne correspond pas à une bêtise avouée, mais signifie plutôt « en vrai ». « J'avoue, je passe un super moment. »
- **Du coup :** « Du coup, on va déjeuner ou pas ? » Partout, tout le temps, ces deux mots ne servent à rien, car si on les enlève de la phrase, elle a toujours du sens. Du coup, vous comprenez ?

- **J'ai le seum :** « J'ai le seum, j'ai pas le droit de sortir ce soir. » Ce qui signifie : « Fait chier, je suis dégoûté. »
- **En soi :** « En soi je suis d'accord, mais j'suis pas sûr. » Cela ne sert à rien, mais les ados ajoutent « en soi » partout.
- **Genre :** ce mot... CE MOT. Partout. Tout le temps. Il peut introduire ou conclure une phrase, ou même se glisser au milieu. Il signifie « je crois », « tu vois », « je sais pas ». Bref, il ne sert à rien.
- **Sérieux :** « Sérieux, maman, t'as mis où les télécommandes ? » Cela signifie « putain », mais en version chic.
- **Frère :** « Frère, je te jure, j'ai rien vu. » C'est un mot presque amical pour dire « mon pote ». Même les filles le disent.
- **Gros :** un peu comme « frère », c'est un mot amical. « Gros, tu me passes le sel ? » NB : la personne n'est pas forcément grosse.
- **Sœur :** « Ella, c'est ma sœur, j'l'aime de ouf. » Les copines, même si elles ne se sont vues que deux fois sont, par la loi des ados, des « sœurs ».
- **Bisous ma vie** : les jeunes filles, qui sont déjà toutes « sœurs », se lancent des grandes déclarations d'amour. Elles sont carrément « la vie » l'une de l'autre. « Ma copine Ella, c'est MA VIE. »
- **Je suis piqué :** « Elle est trop belle. J'suis piqué. » Cela signifie « avoir des sentiments. »
- **Téma la go :** « Téma la go, elle est sublime. » Cela signifie « mate la gonzesse ».
- **Ché :** « Je t'ai bien eu. Ché. » En gros, « bien fait pour ta gueule ».
- **Bail :** rien à voir avec Stéphane Plaza. « J'ai un bail, on va au cinéma et je dors chez toi. » En gros, « j'ai un projet ».
- **Daron et daronne :** « Mes darons sont chiants, ils sont pas d'accord. » Darons veut dire « parents ».

- **LPB :** « Nan, mais toi, t'es LPB de ouf ! » T'es La Plus Belle.
- **Boloss :** dans les années 1990, on disait un loser. Dans les années 1970, un ringard. Bref, vous avez compris.
- **Cassos :** un peu comme le boloss, mais en pire. Le cassos, c'est le « cas social ».
- **Viens, on se nachave :** « J'aime pas ce film. Viens, on se nachave. » On se casse, quoi.
- **Tricard :** « Il a pas été accepté, il est tricard. » En gros, si t'es tricard, c'est la lose pour toi.
- **Poucave :** « C'est toi qui as dit aux darons que j'avais fait le mur, espèce de poucave. » Une poucave c'est un traître, une balance.

PS : le pire de tout, entendu dans le métro : « Ta grand-mère sur YouPorn. » De rien.

**La gym,
ça me fessier.**

# « L'HUMOUR M'A RENDU BEAU », BENJAMIN MORGAINE

*C'est le compère de Michaël Youn à qui on doit les hilarants « Fous ta cagoule » et « Mooorning liveeeee ». Il a aussi été auteur pour* Les Guignols de l'info. *Benjamin Morgaine a « la connerie » en lui et une forme qu'on aime particulièrement, celle de la bande de potes.*

## À quoi ça sert, l'humour ?

À casser la table. À me faire accepter. C'est un outil formidable, une baguette magique : grâce à elle tu peux passer du mec lambda au cador avec la plus belle fille de la soirée. Un timide qui devient populaire ; t'es plus le mec moche, t'es le mec drôle !

## On était drôle chez toi ?

J'ai eu une enfance heureuse, mais mes frères étaient beaucoup plus âgés que moi, donc celle avec qui je rigolais sans cesse, c'était ma grand-mère. Elle osait tout. Ma grand-mère juive égyptienne, qui parlait six langues et insultait en six langues les gens !

## À quel âge t'es-tu trouvé drôle ?

Je n'ai pas cette prétention ! C'est un concept de faire rire. C'est un taf de créer des bons jeux de mots, des vannes. Ça s'apprend. Pas de manière scolaire, bien sûr. Faut être une éponge.

## Qui te fait le plus rire ?

Andy Kaufman (un humoriste américain), Pierre Desproges… Gad Elmaleh, c'est le patron.

## Faire rire à plusieurs, c'est comment ?

C'est beaucoup plus facile pour moi. Quand t'as un bon partenaire de jeu. L'humour c'est comme le poker, faut avoir une bonne main. Michaël et Vincent sont des grands romantiques qui osent tout. Je me mettais à leur service.

# MICHAËL HIRSCH

*Comédien, humoriste, artisan de la surprise et créateur du spectacle « Je pionce donc je suis ».*

## À quel âge es-tu devenu drôle ?

L'humour, ça a toujours été mon arme à moi pour exister. À 10 ans, à l'école, j'étais impertinent. Ado, j'étais plutôt petit, bouboule, pas très beau, alors faire rire les filles m'a aidé à me sentir beau.

Je me souviens de la première fois ou j'en ai fait usage : j'étais en voyage scolaire, on partait en Italie, dans le bus... Pendant une heure, j'ai été hyper drôle et j'ai senti tous les regards se tourner vers moi, un *flow* super grisant, c'était vraiment génial de réussir à faire ça ! Un déclic.

En classe, j'étais drôle, l'art du décalage, c'est l'art d'être différent, mon mantra. Aujourd'hui, je me retrouve dans le monde des humoristes où tout le monde veut être différent.

## Peut-on s'entraîner à être drôle ?

Bien sûr, j'ai lu un livre sur Woody Allen entre 17 et 19 ans et j'ai appris qu'il a écrit 30 000 blagues. Il a compris un truc que nous autres, simples mortels, on n'a pas compris, comme l'art du dribble au foot. On prend un sujet et on le tord pour créer le décalage. C'est le grand principe du comedy club.

On s'y entraîne et on y peaufine nos blagues, on aiguise notre rapport au public pour en permanence trouver cette nouveauté.

## L'humour ça t'a servi. Est-ce qu'il vaut mieux être drôle ou beau ?

En tout cas, c'est devenu ma manière d'exister et d'attirer les regards sur moi. Quand tu es humoriste et que tu n'es pas connu, on te prend pour un mytho. L'humour, c'est une manière de prendre le pouvoir. Il casse les piédestaux. Coluche s'attaque

aux puissants, l'humour redonne de la force aux impuissants. Ça charme énormément, mais ça inquiète aussi. Quelqu'un qui a le sens de la vanne peut te désarçonner. Ce n'est pas forcément un avantage. Dans les entreprises, ça fait peur.
Jeune je suis allé trop loin, j'ai blessé quelqu'un. En cela, l'humour est fragile et dangereux.

C'est devenu un truc très *touchy*, de savoir doser. On ne sait pas à l'avance, quand on fait de l'humour, si ça va être drôle ou pas drôle. On joue sur des émotions très profondes, on est toujours à fleur de peau et en même temps on veut être reconnu.

### Peut-on apprendre à être drôle ?

Moi je donnais des cours à l'école Les Mots. Là-bas, un des premiers trucs que je disais c'est : « Il faut s'immerger dans les codes de l'humour, regarder des humoristes, des stand-uppeurs, des films, pour développer son humour et avoir des réflexes. » Tu reçois une info, comment tu la « twistes » ? Par exemple, en humour, la métaphore est un procédé qui marche. Tout le monde est capable de courir, mais faire un 100 mètres en sept secondes, Il faut s'entraîner. Tout le monde ne peut pas devenir Gad Elmaleh.

## Questions à des ados anonymes, dont un qui s'appelle Zach-a-rit

- **Qui te fait rire ? :** Greg Guillotin, Paul Mirabelle, Jonathan Cohen *of course*, Billy et Amine (streamer sur Twitch)...

- **À quoi ça sert, l'humour ?** À se sentir bien.

- **Un mec ou une fille drôle, c'est essentiel ?** Évidemment, ouais.

- **Tes parents sont drôles ?** OUI (j'ai pas le choix de la réponse). Heureusement, sinon j'en aurais changé, ça dépend...

- **C'est quoi le second degré ?** Tu penses que je ne sais pas ?

# CHAPITRE 4

## DEVENIR UN ADULTE : MDR !

*« Entre amis, il est si beau que le silence est d'or, mais le rire bon et frais l'est beaucoup plus encore. »*

Friedrich Nietzsche

*« Il y a quelque chose de vraiment magique à faire rire les gens. C'est le super-pouvoir que j'ai toujours voulu avoir. »*

Mélodie Fontaine, humoriste

Devenir un adulte, c'est enfin voter, boire, aller en boîte de nuit, conduire et... rire ! C'est enfin asseoir son humour et s'en servir pour faire des études, trouver un premier job, plonger dans l'âge adulte comme on plonge dans une marmite de chewing-gum.

## Devenir un adulte, c'est réfléchir, prendre des décisions et construire sa vie

Et si on devenait drôle à ce moment-là ? Et si on avait raté le coche avant 18 ans, pourrait-on réparer cela ? Et si l'humour faisait la différence dans cette vie de Monsieur ou Madame qu'on s'apprête à avoir ?
Et si, en revanche, on a déjà grandi dans un bain d'humour, comment transformer l'essai ?
Et si, par hasard, on a été « celui qui fait rire » toute son enfance, peut-on s'en détacher et devenir plus « sérieux » ou changer son humour comme on enlève les petites roues de son vélo ?

L'humour est-il le meilleur allié de l'adulte ? Donne-t-il des ailes aux jeunes gens de 18 ans et plus ? Ou est-il un frein pour asseoir une certaine entrée dans l'âge de raison « adulte » ? Autour d'experts de l'humour, de séries, d'articles et d'humoristes, nous nous sommes posé la question : comment et faut-il être drôle pour être adulte ?

## Voter, baiser et rigoler : c'est drôle ou pas de devenir adulte ?

Devenir adulte, la vaste question. C'est quoi un adulte ?
Le dictionnaire précise : « qui est parvenu au terme de sa croissance ».
On a compris qu'un adulte c'est une personne de taille réelle, avec une voix qui ne va plus muer et qui est dans le *mood* « trouver un boulot, trouver l'amour, trouver ses centres d'intérêt, ranger sa maison ».
Dans l'imaginaire collectif, on devient adulte à 18 ans. On peut aller au casino, on peut passer son permis, on peut se marier, on peut travailler, on peut voter.
OK, mais l'humour alors ? Une personne doit-elle être drôle pour être adulte ?
L'humour doit-il changer à ce moment-là ?
Est-ce que l'humour Jackass, potache et bordélique, peut continuer à vivre après le bac ?
On croit bien que oui. On croit que ce qui a été initié avant l'âge adulte doit perdurer. Évidemment, dans les dîners mondains chez Nadine de Rothschild, un adulte qui pose un coussin péteur, ça passe mal (ou pas).
Mais... mais il ne faut surtout jamais cesser de rire de tout, de s'amuser de rien, de tordre le cou au quotidien de sa vie

d'adulte parce que oui, devenir adulte ça peut être drôle, et on pourra même devenir vieux sans être adulte (poke Brel).

## Les week-end quand on est adulte :

**- Vendredi : tu veux sortir, mais tu es trop fatigué pour faire quoi que ce soit.**

**- Samedi : tu veux profiter du week-end, mais tu as mille choses à faire.**

**- Dimanche : tu déprimes parce qu'on est presque déjà lundi.**

## Quid de l'humour féminin ?

Nous nous sommes concertées, avons réfléchi et avons constaté que l'adulte drôle a souvent été un homme. Alors quoi ? Pourquoi ? Longtemps, l'humour, chasse gardée des hommes, a été une porte d'entrée à dominante macho. Les femmes riaient entre elles, mais elles ne faisaient pas rire. Et puis les femmes ne faisaient pas d'études, faisaient des bébés et rangeaient la cuisine.
Et si la libération de la femme passait par le rire ? L'historienne Sabine Melchior-Bonnet (autrice de l'essai *Le Rire des femmes*) a écrit : « À l'époque on pensait que la femme qui riait ne savait pas se tenir et était limite hystérique. Seul le mâle, l'homme fort, pouvait faire rire. »

Aujourd'hui, les femmes prennent le pouvoir et investissent de plus en plus la scène. Et c'est ce féminisme qu'on aime et défend.
Merci à Sylvie Joly, Muriel Robin, Camille Lellouche, Valérie Lemercier, Nora Hamzawi, Chantal Lauby, Inès Reg, Claudia Tagbo, Jacqueline Maillan, Caroline Vigneaux, Florence Foresti, Laura Felpin, Lison Daniel...

# « CONNAÎTRE L'HUMOUR DE QUELQU'UN EST SANS DOUTE LA MEILLEURE FAÇON D'ACCÉDER À SON IDENTITÉ ! », MARIE ROBERT

*Avec plus de 150 000 abonnés sur Instagram, des livres et un podcast, Marie Robert a réussi son pari de rendre la philosophie sexy ! Alors en tant que professeure de philo, elle nous parle de l'humour.*

## Est-ce que l'humour rend la philosophie sexy ?

« L'homme souffre si profondément qu'il a inventé le rire », dit Nietzsche. Voilà, en une parole, le meilleur résumé pour expliquer les liens entre humour et philosophie ! Dans un autre genre, le philosophe autrichien Ludwig Wittgenstein rêvait d'un livre de philosophie entièrement composé de blagues, parce qu'alors, disait-il, « sa lecture serait enfin supportable ». Peut-être que se « rendre supportable » est finalement l'enjeu du rire ? Le rire émerge souvent pour surmonter nos déceptions, pour transcender le malheur, pour nous aider à continuer, ou plutôt, pour trouver la force de continuer. Selon l'une de ses acceptions, il s'apparente à un instant suspendu, un instant de refus, un instant adressé à l'autre, et dès lors, à un instant de réflexion, qui met le langage au centre, qui le contorsionne, l'utilise différemment et l'interprète. Ainsi, il se rapproche des principes bibliques développés dans les études talmudiques, et dont le fil directeur est de dire que le divin se démontre dans le texte, et qu'en l'interrogeant, en le malmenant parfois, on le fait vivre. Le rire serait alors une forme active de prière qui, dans ses éclats, fabriquerait du religieux. Woody Allen s'apparenterait à un néo-rabbin, et le rire, à l'instance la moins anecdotique du monde !

## Je ris donc je suis, c'est vrai ?

En tout cas, si je me marre, c'est qu'il y a quelqu'un qui pense, donc sans doute quelqu'un qui est ! Le rire est à la fois une manifestation de la conscience, puisqu'on comprend la blague ou qu'on la formule, et une manifestation de l'inconscient, puisque c'est souvent lui qui nous rend drôle. C'est dans *Le Mot d'esprit et ses rapports avec l'inconscient*, ouvrage qu'il publie en 1905, que Freud décide de s'encanailler en allant du côté de l'humour. Au cœur de ses pages, le rire est avant tout un phénomène psychique déterminé par la levée d'une inhibition. Le rire est donc dans son fondement une irrévérence qui montre l'individu singulier que nous sommes ! Connaître l'humour de quelqu'un est sans doute la meilleure façon d'accéder à son identité !

## À quoi ça sert, l'humour ?

On l'a dit, je crois que l'humour sert avant tout à supporter l'existence. Ce n'est pas une vision pessimiste, au contraire. C'est un peu comme si nous avions été livrés avec un outil super puissant !

Mais il y a autre chose encore : supporter le réel, c'est créer de la joie en surprenant ! Ce qui souvent nous fait rire, c'est la blague à laquelle on ne s'attendait pas. Ça tranche avec la situation, d'où le surplus d'humour pendant le confinement d'ailleurs... Ce contraste et cette surprise s'expriment à travers ce que Freud (encore lui) nomme le witz. Mais que désigne ce curieux mot ? Le witz désigne la créativité, la trouvaille. Il entre en continuité avec l'ingenium antique. Traduit souvent par « mot d'esprit », il partage avec le blitz guerrier la fulgurance de l'éclair. Dans son usage yiddish, le witz qualifie directement l'anecdote ou le récit amusant. Chez Lacan, le witz est le trait d'esprit, la pointe d'humour. Le witz est ce quelque chose de pas très net, de bancal, de bordélique. La psychanalyste Julia Kristeva précise : « Comme si l'expérience historique dont le witz porte la trace venait témoigner de cette part d'étrangeté que tout homme porte au fond de lui-même. » Voilà à quoi sert l'humour, à supporter en se reconnectant à notre étrangeté ! Assumons d'être *weirdo* !

## Les philosophes les plus connus étaient-ils drôles ?

Bon, alors autant le dire tout de suite, on est assez loin de la grande déconnade ! Cela dit, il y a une forme d'humour propre aux philosophes : c'est celui qui joue avec le langage. Le witz dont je parlais est une manière de se détacher de la logique classique. Il existe deux célèbres plaisanteries qui mettent ce principe à l'honneur. La première, lorsque Groucho Marx écrit à son fils Arthur : « Je n'arrive pas à comprendre pourquoi tu ne reçois pas mes lettres. Peut-être est-ce parce que je ne t'en écris pas. » Et la seconde, lorsque aux obsèques de Nathan Rothschild, au milieu des nombreuses personnalités et autres richissimes hommes d'affaires, le rabbin Simon Weinfeld pleure à chaudes larmes. « Pourquoi pleures-tu ? lui demande un homme à ses côtés. Tu n'appartiens même pas à la famille ! » « Eh bien justement, c'est pour ça que je pleure ! » Cet étrange rire est provoqué par... l'incompréhension logique. Il explore et expérimente les frontières du sens et du non-sens, et donc celles de la vérité et de la fausseté. L'humour, dit-on, c'est la vérité ivre, il met à mal la doxa aristotélicienne selon laquelle un énoncé serait forcément vrai ou faux, véridique ou mensonger.

L'humour propose une troisième voix qui passionne aussi les philosophes parce qu'il menace les fondements de notre univers symbolique. Brouiller les pistes, envoyer balader la logique, c'est obliger l'interlocuteur à se plonger dans le langage, à ne pas l'accepter passivement, mais au contraire, à flirter avec. Et lorsqu'on flirte avec le langage, on flirte avec la pensée. On fait donc de la philo ! Un philosophe pertinent est un philosophe qui a de l'humour ! Comme le résume Jankélévitch :

« L'humour exprime la victoire de l'esprit d'inquiétude sur la stupide assurance et la stupide bonne conscience, et l'inquiétude n'est rien d'autre que de la philosophie. »

### Comment avoir de l'humour aide-t-il à surmonter les questions existentielles de la vie ?

En nous aidant à accepter le non-sens, justement ! Ce qu'il y a de terrorisant dans ce « pourquoi y a-t-il quelque chose plutôt que rien ? » c'est qu'on veut une VRAIE réponse. Or, franchement, c'est quasiment impossible. Mais comment vivre avec ça ? Comment vivre en faisant face à cette absurdité ? Eh bien, sans doute en se marrant. Je vais citer ici une grande philosophe, Britney Spears : « Nous ne comprendrons jamais la vie, alors autant porter des strings et écouter de la musique pop. » Amen !

### Et toi dans la vie, es-tu drôle ?

En tout cas, je suis souvent désespérée, alors je pense être hilarante !

INTERVIEW

# LISON DANIEL

*Lison Daniel, c'est 300 000 abonnés sur Instagram qui suivent avec attachement ses « caractères », les personnages hauts en couleur qu'elle interprète au quotidien avec sa cousine. Aussi bonne autrice qu'interprète, on adore regarder ses « portraits de la vie moderne » comme elle les décrit si bien. Elle est autrice du livre* Les Caractères *chez Grasset.*

## Qui te fait rire ?

J'ai été biberonnée aux *Nuls : L'Intégrule*. Je connaissais tout sur le bout des doigts, ça me fait immensément rire, et encore pour longtemps.

## Quels sont tes modèles ?

À vrai dire, je n'ai pas de modèle, mais si je devais citer quelqu'un je dirais : Balzac ou Zola, car mon humour est plutôt de l'observation, de l'écriture de portraits.
Je regarde les gens dans le métro, je voulais bien les décrire, telle une description littéraire plutôt.

## Comment as-tu commencé tes portraits, tes caractères ?

Assez naïvement, je ne pensais pas que ça deviendrait un compte d'humour.
Je ne me considère pas comme une humoriste, mais plutôt comme comédienne et une scénariste. J'avais écrit les personnages, j'avais leur discours en tête, les filtres m'ont permis d'incarner les caractères.

## Pourquoi ne veux-tu pas te définir comme humoriste ?

Car je n'en vis pas, je ne fréquente pas d'humoriste, je n'ai pas envie de faire un spectacle. Je fais du théâtre et je n'ai pas du tout envie que ma vie se résume à la course à la recherche de la meilleure blague.

Et puis, je n'ai pas l'énergie d'un comique, je ne suis pas une pile électrique qui aurait toujours envie de faire rire. Je suis l'inverse, je déteste prendre toute la place, je suis très discrète. Si quelqu'un me rencontrait dans une soirée et qu'on lui disait ce que je fais, il serait très surpris.

## À quel moment t'es tu rendu compte que tu étais drôle ?

Oui, c'est moi le pitre de la famille, mais mon père aussi. À la maison, on riait beaucoup... on rit toujours ! J'ai la place du pitre puisque je suis la dernière et que je suis une fille. On me laissait tranquille. Mon objectif c'est de mettre de d'huile dans les rouages, sans blesser personne, me moquer sans être trop frontale. En revanche, je n'aime pas parler de moi.

## Quelle est ta définition de l'humour ?

Ce serait l'humour de langage avec l'écriture au centre, mais une grimace peut aussi me faire rire. Sur Instagram par exemple, des comptes peuvent me faire rire, comme les mimes, les comédiens de corps, et ceux qui jouent avec les mots.

## De quoi aimes-tu rire ?

J'aime bien quand l'humour est inclusif et surprend. J'ai du mal quand c'est trop méchant ou vulgaire. Le premier truc que j'écris est souvent bête et méchant, mais je veux aller au-delà, devenir plus smart que mon cortex préfrontal.

# Un enfant drôle peut-il devenir un adulte con ? (*Spoil* : oui !)

Tout avait bien commencé. Les fées de l'humour s'étaient penchées sur le berceau de l'enfant.
Papa et maman étaient si fiers de cet enfant qui, non content d'être beau et intelligent, était aussi drôle. C'est bien simple, Gunther (appelons-le comme ça, on trouve que c'est un prénom trop peu donné, alors on essaie de relancer une mode et de faire enfin la paix avec les Allemands) était l'enfant qui donnait le sourire à tous, qui racontait de bien bonnes blagues, qui avait saisi l'importance du second degré à 9 ans, qui avait un rire communicatif, qui savait rendre heureux même les plus malheureux. Gunther avait une sacrée bande de potes, genre le Petit Nicolas, mais version allemande donc. Gunther c'était le boute-en-train, le kiffeur, le môme promis à une carrière de stand-uppeur.

À l'adolescence, Gilles (il avait décidé de franciser son prénom pour draguer, on ne sait pas bien pourquoi il serait plus judicieux de se nommer Gilles, mais là n'est pas le sujet) était toujours marrant, mais d'autres de ses copains l'étaient devenus aussi. Parfois, ses blagues tombaient à l'eau, parfois il devait même les expliquer. Et chacun sait que lorsqu'on doit expliquer pourquoi la blague est drôle, c'est qu'elle n'est pas drôle.

Alors que jusque vers 14 ans, les gens acclamaient Gunther, une fois devenu Gilles, les gens semblaient l'éviter.

Puis Gilles eut son bac, entreprit des études, se « mit » en couple, s'acheta une voiture cinq places (au cas où), rangea ses chemises par couleurs, ne rit plus trop lorsqu'on le chatouillait, fit de moins en moins de blagues et... pire encore que de devoir expliquer ses blagues, à chaque fin de blague, il ajoutait : « Elle est bonne, hein, elle est bonne. »

Eh non, Gillou, elle n'est pas bonne !
Ses parents, qui avaient prétendu avoir un Coluche en herbe, finirent eux-mêmes par le trouver lourd. Oui, Gilles-Gunther était devenu ce mec lourd, aux blagues parfois racistes ou misogynes.

Alors Gunther dut se rendre à l'évidence : il devait désormais tout miser sur son physique. Ou pas. Bref, Gunther le gamin marrant était devenu Gilles l'adulte lourdingue.

PS : ça n'arrive pas à tous les enfants.
PS bis : changer de prénom, c'est pas toujours une bonne idée (sauf pour Romain Gary).

**J'adore mon horoscope, c'est le seul qui croit que j'ai de l'amour, de l'argent et un travail.**

## Un enfant chiant peut-il devenir un adulte drôle ? (*Spoil* : oui !)

Il n'existe pas d'enfant chiant, il existe des enfants auxquels on ne laisse pas la possibilité d'exprimer leur potentiel de sympathie et d'humour.
Jusqu'à récemment, un enfant devait être à sa « place » d'enfant et ne pas essayer de distraire ni de faire rire. On posait les enfants

comme un vase Ikea sur une table basse : silencieux, identiques les uns aux autres. C'était un peu « sois sage et tais-toi ».
Mais, merci Dolto & Co., un jour les enfants ont pris le pouvoir. Ouf. Pourtant, pour beaucoup, il était trop tard. Et il est encore trop tard dans beaucoup de familles où l'enfant n'a pas le droit à la parole (sauf pour dire bonne nuit).

Certains enfants au sourire aussi absent que la neige en hiver aux Bahamas (et on ne parle pas du rire) ont décidé de prendre leur revanche à l'âge adulte et de rattraper le temps perdu dans un territoire hostile à l'humour.

Ce n'est pas facile de se risquer à l'humour quand, enfant, on n'a même pas pu lire la blague sous le pot de Flamby® ou dans le Carambar®. Ce n'est pas facile de dompter l'humour potache et l'humour fin lorsqu'on n'a même pas pu rire au mot « prout » à 4 ans. Ce n'est pas facile d'oser et d'avoir confiance en son humour quand, à 9 ans, on a été interdit de *Shrek* parce que « trop vulgaire ». Néanmoins c'est possible.
Ainsi, Franck Dubosc, enfant moqué et malheureux, a tout misé sur l'humour une fois devenu adulte : « Dans ma tête je notais tout ce qui faisait rire les autres et j'essayais de comprendre les ficelles et les ressorts pour m'en resservir. »
Ainsi, Jonathan Cohen : « Je ne m'aimais pas du tout quand j'étais petit. J'étais complexé à tous les étages. Il n'y a pas de moqueries, mais c'était moi, tout seul, mon regard sur moi-même. Je me disais : "Mais c'est quoi ce tas de merde ?" »
Ainsi, l'enfance terriblement malheureuse de Charlie Chaplin, qui trouva dans l'humour un refuge.
Ainsi, non, l'enfant chiant et triste n'est pas une cause perdue pour l'adulte. Il pourra aller mieux, briller, attirer les regards des autres (amicaux ou sentimentaux), devenir un mec ou une nana drôle.

## Un enfant drôle peut-il devenir un adulte drôle ? (*Spoil* : oui !)

Mais oui ! L'humour, parfois, est collé à la peau de celui qui s'en est saisi dans l'enfance.
Parce que l'humour a rendu l'enfant intéressant, beau, sympa, il poursuit et en fait même parfois un métier. Ainsi, Benjamin Morgaine, auteur et humoriste : « Avec l'humour, je suis passé de l'enfant que personne ne regardait à l'enfant beau gosse. »
Garder son âme d'enfant, être un éternel gamin, un adulte aux yeux de gosse passe aussi, forcément, toujours, par le biais de l'humour.

## L'humour pour séduire ?

Le dicton très *before* #MeToo « Femme qui rit à moitié dans son lit », attribué à Napoléon, est-il vrai ? Qu'on soit un homme ou une femme d'ailleurs, est-ce que l'humour aide à la drague ? Est-ce qu'en plus, ou à côté, de l'aspect physique et de l'attraction générale, l'humour est une valeur nécessaire en amour ?
C'est bien connu : le rire séduit ! Pour 76 % des Français, les personnes qui possèdent beaucoup d'humour ont plus de chances d'envoûter leur cible que les autres. Et c'est une attente d'autant plus grande chez les femmes.
L'humour est une arme de séduction massive. Il permet de capter l'attention, de conquérir l'être désiré, mais aussi de cultiver la complicité sur le long terme. Le fun et la légèreté nourrissent l'intimité tout en renforçant le sentiment de bien-être et de sécurité auprès de celui ou de celle qui nous rend joyeux. Être drôle permet de valoriser son image, d'associer les moments de partage à la consolidation du couple.
L'humour serait l'outil de flirt le plus puissant qui soit, selon l'étude de la revue *Evolutionary Psychology* publiée le 25 mars dernier. Des chercheurs de l'université de New York se sont associés à des chercheurs de l'université de Bucknell ainsi qu'à des chercheurs norvégiens de l'université des sciences humaines, pour étudier un

groupe de 1 000 étudiants[2]. Ils les ont interrogés sur la façon dont ils perçoivent les différentes façons de flirter.
Et l'humour gagne ! « Ce qui est le plus efficace dépend de votre sexe, et si le but du flirt est une relation à long terme ou à court terme. [...] Mais faire rire ou rire aux blagues de l'autre personne est une tactique de flirt efficace pour les deux sexes », affirme Leif Edward Ottesen Kennair, coauteur de l'étude et professeur de psychologie.

## L'humour pour séduire les femmes… et les hommes ?

Des milliers d'études prouvent une chose : une femme est sensible à l'humour chez un homme. OK. Mais l'inverse est-il vrai ? Pascal Vrticka, docteur en philosophie et neuro-scientifique, a mené une étude auprès de 22 enfants âgés de 6 à 13 ans. Il a prouvé que le traitement de l'humour était différent d'un sexe à l'autre. Et ce dès le plus jeune âge.
Les chercheurs ont enregistré l'activité cérébrale des enfants pendant que ceux-ci regardaient de petits films drôles, par exemple des extraits d'un bêtisier, ou divertissants, comme des enfants en train de faire du breakdance. En moyenne, le cerveau des filles réagit davantage aux premiers et celui des garçons plutôt aux seconds. Bref, les filles réagissent de manière plus émotionnelle à l'humour, les garçons de manière plus cognitive, et cela se voit dans les zones cérébrales activées. L'amygdale et le mésencéphale pour les filles ; le cortex préfrontal médial chez les garçons, siège de fonctions supérieures comme le raisonnement, la mémoire de travail et les fonctions exécutives.
Faire rire une femme la séduira.
Faire rire un homme, pas sûr.
Mais peut-être, faut voir. Le rire, arme de séduction massive ? On espère.

---

2. Article « Perceived Effectiveness of Flirtation Tactics: The Effects of sex, Mating Context and Individual Differences in US and Norwegian Samples », site Internet Sage Journals, 25 mars 2022.

## Dix phrases à ne pas dire pour draguer en essayant d'être drôle

Donc un homme doit faire rire d'après l'étude n° 77 890 de l'université de « On ne sait pas toujours ».
MAIS pas à n'importe quel prix. N'est pas drôle qui veut, ne fait pas rire une femme qui veut. Et en matière de drague, il ne faut pas faire n'importe quoi. Ni dire n'importe quoi.

**1** Pas de : « Tes parents sont des voleurs, ils ont pris les étoiles du ciel pour les mettre dans tes yeux. »

**2** « Si j'étais juge, je nous obligerais à nous aimer à perpétuité. »

**3** « Je suis négatif à la Covid, mais positif à ton charme. »

**4** « T'es en couple ?
– Oui.
– C'est pas grave, je ne suis pas jaloux. »

**5** « J'ai un problème avec mon portable : il manque ton numéro. »

**6** « Tu t'es fait mal quand tu es tombée du paradis ? »

**7** « Je m'appelle Prince et je suis charmant, on m'a dit que tu me cherchais ? »

**8** « J'ai besoin d'un bouche-à-bouche, car je viens de me noyer dans votre regard. »

**9** « On s'est déjà vus quelque part, non ? Tu ressembles énormément à ma prochaine petite copine. »

**10** « Je ne fume pas, je ne bois pas, et ma seule drogue, c'est toi. »

Tes parents sont des voleurs... ils ont pris les étoiles du ciel pour les mettre dans tes yeux...
Si j'étais juge, je nous obligerais à nous aimer à perpétuité.
Je suis négatif au Covid... mais positif à ton charme !!!
C'est pas grave si t'es en couple, je ne suis pas jaloux...
WINK~~
J'ai un problème avec mon portable : il manque ton numéro.

Tu t'es fait mal quand t'es tombée du paradis ?
J'ai besoin d'un bouche-à-bouche car je viens de me noyer dans votre regard...
On s'est déjà vu quelque part, non ? Tu ressembles beaucoup à ma prochaine petite copine...
Je ne fume pas, je ne bois pas... ma seule drogue, c'est toi.
Je m'appelle Prince et je suis charmant, on m'a dit que tu me cherchais ?

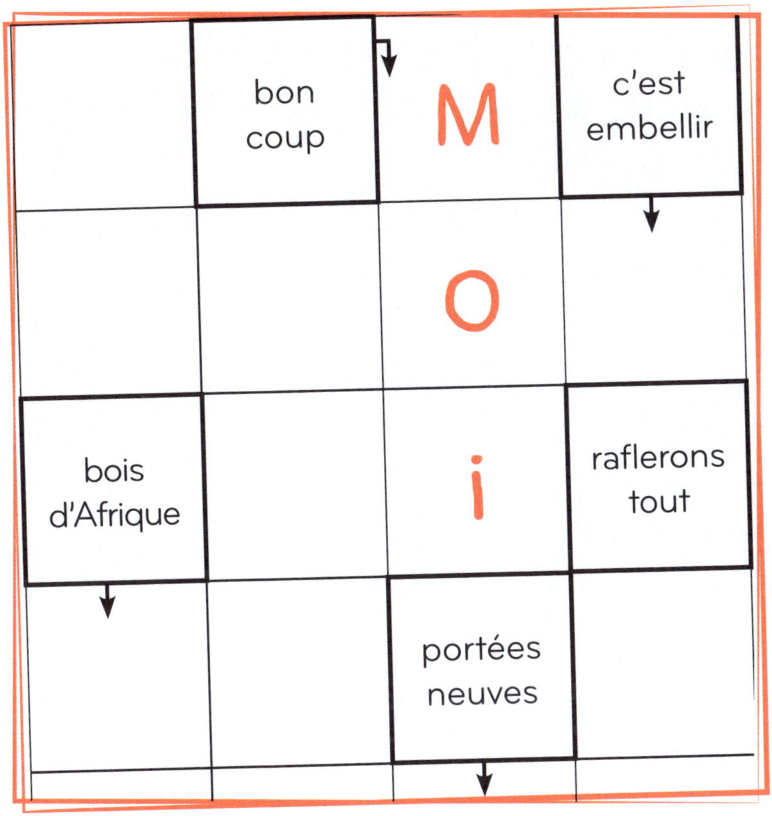


*« Il n'existe que peu d'études sur le rire et la sexualité. On sait qu'un orgasme peut déclencher un rire car il active dans la cerveau des circuits similaires. »*

Sylvie Chokron

### « LE SEXE ÇA PEUT ÊTRE DRÔLE, SURTOUT QUAND C'EST RATÉ », ANNE AKRICH, AUTRICE DU *SEXE DES FEMMES* (GALLIMARD)

« On associe rarement l'amour à l'humour alors que l'humour est une bonne assurance-vie de l'amour. La sexualité aussi, c'est très comique. L'humour, ça déshabille entièrement, ça fracasse tous les faux-semblants. Et le sexe et l'amour sont aussi des sentiments totalisants. Donc on pense qu'on ne peut pas mêler les deux alors que parfois ils amènent des situations très drôles. Tu ne peux pas éternuer les yeux ouverts, tu ne peux pas jouir en riant.

Le sexe ça peut être drôle, surtout quand c'est raté.

La sexualité c'est lourd, surtout pour les femmes, mais pour les hommes aussi maintenant. On ne se marre plus beaucoup, alors qu'il faut essayer de s'amuser. De tout temps, ça a été un chemin semé d'embûches et une expérience d'apprentissage de la découverte de la sexualité. »

## Sexe et humour

Comme le décrit si bien le Dr Henri Rubinstein, le déroulement du rire est un équivalent du déroulement de l'acte sexuel. Le rire reproduit ses phases successives : préliminaires, montée, attente, explosion, puis relaxation. L'un comme l'autre réhabilite l'organisme au fonctionnement harmonieux de ces émotions.

# L'HUMOUR AIDE-T-IL À PRENDRE SON PIED ?

Rire est une arme de séduction massive, mais humour et sexe font-ils bon ménage ? Répondez à ce quiz et vous le saurez (ou pas).

**1/ Rocco Siffredi possède :**

a. Un GROS humour.

b. Un GROS zizi.

c. Un GROS cul.

**2/ Avoir un orgasme c'est :**

a. Comme un fou rire, en mieux.

b. On n'en sait rien.

c. Bien, mais *have you tried* le rire ?

**3/ Vous entendez des « ohhhhh, oui, c'est bon », vous pensez :**

a. Au sexe.

b. Au rire.

c. Au chocolat.

**4/ A-t-on le droit de dire « faire l'humour » ?**

a. Non, c'est « faire l'amour ».

b. Oui, carrément.

c. Ne se prononce pas, car c'est relou cette question sémantique.

**5/ Vous dites plutôt :**

a. AHAHAHAH (humour).
b. Ah Ahhhhh Ahhhhhhhh (sexe).
c. Ho Ho Ho (Père Noël).

**6/ Vous pensez qu'avoir un orgasme :**

a. C'est aussi rare qu'avoir un bon fou rire.
b. C'est mieux que de rire.
c. Rien ne vaut le rire, pardi !

**7/ Plutôt du genre :**

a. Crise de rire.
b. Crise sexuelle.
c. Crise existentielle.

**8/ Si vous êtes plusieurs un soir chez vous, vous aimez mieux :**

a. La partouze.
b. La franche rigolade.
c. Rien, je n'ai pas d'amis.

**9/ Pour se muscler les abdos, quoi de mieux ?**

a. Un bon 69.
b. Un bon fou rire.
c. Le sport, ÉVIDEMMENT.

**10/ Rire ou baiser, il faut :**

a. Choisir.

b. Les deux.

c. Rien, je n'aime ni la baise ni le rire, je suis un gros relou.

**RÉSULTATS :**

Bravo vous avez joué, vous êtes content, vous avez réfléchi aux bienfaits du sexe, du rire.

Mais ce test est pipé (rien de sexuel, quoi que, va savoir), alors on vous conseille juste de rire un bon coup (ou de rire avec un bon coup).

**J'ai lu le *Kama-sutra*...
À la fin, tous les deux
vont chez l'ostéopathe !**

# BINTA ROSADORE DIALLO-DIENG

*Les femmes comme Binta, celles qui ne s'interdisent rien et parlent de tout, ce sont celles qui nous font avancer, nous donnent envie de dépasser les règles. Performeuse et actrice érotique, autrice, féministe, pansexuelle, Binta est une femme pluri-étiquettes.*

## Vous êtes inspirante par votre liberté et votre confiance en vous. Comment parvient-on à ce niveau d'indépendance ? Ça peut passer par l'autodérision, l'humour ? ou est-ce qu'il faut encore éviter d'être drôle pour être prise au sérieux ?

Le rire est un excellent moyen d'avancer dans la vie. En ce qui me concerne, l'indépendance réelle prend racine dans ma capacité de dérision. De rire de moi-même et de mes réactions face aux défis de la vie, du jugement d'autrui. Je ne me prends pas au sérieux et je n'ai pas l'envie ni le besoin qu'on me prenne au sérieux. Ma confiance en moi vient du fait que je ne m'identifie pas à ce qu'on pense de moi, et mon indépendance est stable car elle ne provient pas d'une source extérieure. Pour moi, la seule chose qui importe c'est de donner et recevoir amour et respect. Du reste, rions les uns avec les autres !

## On sait que pendant longtemps l'humour a été réservé aux hommes. Vous utilisez l'humour comme un pouvoir ? Est-ce devenu revendicatif pour une femme d'être drôle ?

Je ne sais pas si c'est revendicatif, je sais que ma drôlerie est naturelle. Je fais souvent rire en étant simplement moi ou grâce à ma repartie, mais ce n'est pas souvent prémédité...

**Est-ce que pour vous le rire crée un lien intime ? Et est-ce que l'humour est une arme de séduction ?**

Oui et oui ! L'humour a un pouvoir d'allègement et de soulagement. Il a le pouvoir de dédramatiser les situations stressantes et de rapprocher les gens, c'est indéniable.

**Et par conséquent, dans l'intimité, on peut rire ? C'est sexy de rire pendant qu'on fait l'amour ? Ça permet d'aborder des sujets difficiles à évoquer pour certains ? Parler de ses complexes, de ses fantasmes ?**

Je ris de tout, tout le temps. Le rire est un baume au cœur et permet de checker son ego ! Bien sûr qu'on peut rire dans l'intimité. Il n'y a rien de plus sexy que d'être assez confortable avec son ou sa partenaire pour rire pendant l'amour. Pour les fantasmes c'est pareil, on rit très souvent de plaisir ou d'excitation...

Pour les sujets difficiles, l'humour peut être bienvenu, mais je pense qu'il faut avant tout prendre conscience et accorder une attention toute particulière à la sensibilité de la personne avec qui on échange sur certains sujets. L'humour oui, mais toujours avec empathie !

En ce qui concerne les complexes, cela demande d'être pourvu d'autodérision et de ne pas trop en souffrir. Mais, oui, lorsqu'on parvient à en rire sincèrement, c'est souvent le signe qu'ils ne sont pas bien handicapants !

**Lors de vos performances, vous devez faire preuve d'un sacré lâcher-prise. Est-ce qu'un bon fou rire avant de monter sur scène ou de passer devant la caméra c'est primordial ?**

Pour le coup, non. Le rire ayant aussi la caractéristique de dissiper, pour moi il s'oppose à la concentration, et c'est de concentration dont j'ai besoin lorsque je monte sur scène ou sur le *set*.

Je me recentre généralement en silence et j'interagis posément avec mon environnement.

## Vous êtes également mentor et guérisseuse. Est-ce que pour vous le rire peut être thérapeutique ?

Absolument. Le rire est une forme de médecine et allège la douleur mentale, émotionnelle et même physique ! J'ai également cette tendance à faire rire mes « mentorées » avec des anecdotes personnelles ou des remarques faussement naïves sur leurs défis. Cela leur donne une perspective différente de la leur, et souvent cela apporte une solution et désénergise le stress ou l'anxiété qui étaient liés audit défi, et celui-ci devient une opportunité d'apprentissage, un enseignement pour évoluer.

## #METOO

Donc les hommes doivent faire rire les femmes pour les séduire d'après les statistiques, les études et Napoléon. Mais n'est-ce pas réduire la femme à une oie rieuse ? N'est-ce pas ôter aux femmes la possibilité de faire rire elles aussi ou de ne pas céder aux sirènes du rire ? À l'ère de #MeToo, penser ou dire que faire rire une femme peut parfois suffire, n'est-ce pas un peu (beaucoup) réducteur et macho ?

Nous avons réfléchi toutes les deux, et même si nous adorons les hommes drôles, nous devons nous rendre à l'évidence, nous aimons les gens drôles et ceci indépendamment de leur genre, et nous aimons faire rire nous aussi, peu importe qui.

On est allées poser la question à notre copine Fiona Schmidt, journaliste, féministe et autrice de *L'Amour après #MeToo* (Hachette Pratique).

# FIONA SCHMIDT

*Avec ses essais féministes comme* Lâchez-nous l'utérus ! *et* L'Amour après #MeToo, *Fiona Schmidt s'attelle à déconstruire les codes de notre monde et pose les bonnes questions sur les normes actuelles. L'humour peut-il être une arme du combat féministe ?*

## Est-ce qu'on peut toujours utiliser l'humour pour draguer ?

Oui, évidemment. Ce qui est interdit, c'est le harcèlement et le sexisme, mais ni l'un ni l'autre n'ont jamais été drôles.

## Les femmes peuvent-elles s'autoriser à être aussi drôles que les mecs ?

Je ne savais pas qu'il y avait aussi des restrictions en matière d'humour pour les femmes. Déjà qu'on est moins bien payées qu'eux, si en plus on n'a même pas le droit de compenser par l'humour, c'est vraiment la double peine. Donc oui, les femmes peuvent s'autoriser à être aussi drôles que les mecs, déjà parce que les mecs n'ont pas le monopole de l'humour, ensuite parce que le sens de l'humour n'a aucun rapport avec le genre mais avec le cerveau, et enfin parce que c'est un excellent moyen de trier le bon gars de l'ivraie. Un mec qui se sent offensé et/ou menacé par une femme parce qu'elle est drôle, c'est un mec qui se sent offensé et/ou menacé par une femme parce qu'elle pense. Personnellement, ces mecs ne me donnent pas envie de rire, ni de quoi que ce soit d'autre.

## Toi qui es si drôle, penses-tu que féminisme et humour sont compatibles ?

C'est une vraie question ? On en est encore là ? En 2023 ? Il faut vraiment que j'explique que la lutte pour l'égalité des genres est compatible avec la gaudriole ? En fait, la vraie question c'est :

pourquoi pensez-vous que féminisme et humour soient incompatibles ? Vous pensez qu'il faut choisir entre l'humour et la lutte contre les discriminations ? Vous pensez que les humoristes engagés ont choisi entre l'humour et l'engagement, ou vous posez la question uniquement aux femmes ?

## Est-ce que l'humour (voir mèmes) est une arme qui sert le féminisme ?

*Of course*, parce que ça permet de vulgariser des infos ou des concepts et de les rendre accessibles au plus grand nombre, et parce que de manière générale, tout passe mieux avec l'humour, même s'il est parfois difficile de rester drôle avec ce qu'il se passe dans le monde. L'humour, c'est vraiment le lubrifiant de la politique : c'est un peu comme le beurre dans les coquillettes, on peut faire sans, mais c'est meilleur avec.

## Est-ce que les blagues sur les blondes c'est encore possible ?

Non. Parce que le vrai nom des blagues sur les blondes, ça s'appelle le sexisme, ça n'a jamais été drôle, pas plus que l'antisémitisme ou le racisme, et globalement, ça n'est plus tellement rigolo de se moquer des personnes discriminées, à moins d'être soi-même directement concerné. En fait, le nouveau *trend* en matière d'humour consiste à se marrer des inégalités et/ou des situations dramatiques, mais sans se marrer des victimes d'inégalités et/ou des situations dramatiques. C'est subtil, mais Waly Dia fait ça à merveille.

## Le mec drôle est-il forcément lourd ?

On a tous été dans une soirée où un mec (une femme aussi, hein) prend la main, attire les regards, fait rire l'assemblée, dégage une aura drôlissime, a toujours le bon mot, la bonne vanne au bon moment, attire la lumière, fait marrer les jeunes et les vieux, sait faire un tour de magie pour les enfants, connaît des citations de Coluche ou de Desproges par cœur, jongle avec les mots avec une facilité déconcertante. Bref, le mec ou la nana est drôle, et là-dessus tout le monde est d'accord.

Cette personne brille par son esprit, séduit les femmes et les hommes, et on a envie de devenir ami avec lui ou elle (coucou Édouard Baer, si tu nous lis).

MAIS cette personne est-elle lourde ? Pas au sens propre hein, chacun fait le poids qu'il veut, on n'est pas là pour juger. Non, cette personne est-elle chiante ou gênante ?

La limite entre l'humour et la lourdeur est infime, et chacun peut placer où il veut son curseur sur l'échelle de Richter du rire. Mais... soyons honnêtes, il y a des gens à propos desquels on est tous d'accord pour dire que, bah non, trop c'est trop, c'est pas drôle ou il faut tourner sa langue sept fois dans sa bouche avant de cracher sa blague.

L'humour permet d'investir la place dans la société des adultes.

Mais pas la blague raciste, pas la blague sur les blondes, pas la blague pédophile, pas la même blague répétée six fois, pas la blague qui a besoin d'être expliquée pour être comprise, pas la *team* premier degré.

C'est infime, c'est Baer contre Bigard, c'est le bon mot contre la blague sexiste.

**« - Ça te sert à quoi de rentrer ton ventre quand tu montes sur la balance ?**

**- À voir le cadran. D'autres questions ? »**

## Peut-on rire sur son lieu de travail ?

Le rire est-il un lubrifiant social ? un mode de communication ? Le rire est un facteur d'union, mais il peut être aussi un facteur d'exclusion. Le rire aide à faire passer des messages, à diminuer le stress, à souder une équipe, néanmoins c'est aussi une arme à double tranchant à manier avec précaution.

Au travail, quand on rit avec un collègue, on accepte de partager quelque chose de particulièrement humain, et ça on en a besoin aujourd'hui.
Qui dit entrée dans l'âge adulte, dit premier job. Qui dit premier job dit, souvent, collègues, hiérarchie. Savoir manier l'humour peut être un excellent atout et un bon moyen de réduire le stress de ses équipes, de booster leur créativité et même d'augmenter leur efficacité : selon une enquête américaine, 84 % des DRH estiment que les salariés dotés du sens de l'humour font mieux leur travail que les autres.

« Le rire soulage le stress et l'ennui, il stimule l'engagement et le bien-être, ainsi que la créativité, la collaboration, la précision analytique et la productivité », explique Alison Wood Brooks, professeure à la Harvard Business School. Les auteurs du *Petit Traité de l'humour au travail*, le confirment : 96 % des salariés jugent cela « indispensable, très important ou important ». Quoi qu'il en soit, l'humour est un support à la performance d'équipe. Plus détendus, les salariés s'autorisent plus de créativité.

En effet, « tout ne peut pas tourner autour de l'efficacité ou de la motivation à être parfait. C'est très important de profiter d'une pause-café pour rigoler entre collègues. Le rire agit comme l'essence qui nourrit notre moteur », précise Sylvie Chokron, neuropsychologue.

Le rire est partagé, ou il n'est pas. « C'est d'ailleurs l'une de ses vertus : il signe l'appartenance à un collectif, fait de valeurs et de repères professionnels communs, de façons d'envisager le travail, le produit, la relation hiérarchique », souligne Julien Pelletier, expert à l'Agence nationale pour l'amélioration des conditions de travail. Ce n'est pas un détail. Quand les réorganisations laissent le salarié perdu, la persistance de l'humour dans l'équipe rappelle un fait précieux : il n'est pas seul, le collectif existe encore.

Mais attention, on ne rit pas de tout avec tout le monde, les subtilités de l'humour au second degré peuvent être mal comprises par certains.

Si votre boss c'est Bernard Arnault ou Elon Musk, il vaut mieux ne pas être plus drôle que lui (on avoue que c'est pas évident, puisque les mecs n'ont pas l'air fun fun), car il pourrait penser que c'est une tentative de prise de pouvoir. Évitez surtout la blague sur votre boss sur les réseaux sociaux... Et puis, si votre chef lâche une blague pas drôle, souriez *a minima*. Sinon il se vexera.

Si vos collègues n'ont pas votre sens aigu de l'humour (on croit en vous, nous), le second degré et l'ironie peuvent être mal reçus. Bref, au départ, dans un nouveau job, mieux vaut rire de soi. Et de façon générale, au travail il faut rire avec les autres, jamais contre eux.

Dans tous les cas, misez sur l'humour qui manque parfois trop cruellement dans le monde du travail. « Si les managers ont pensé aux salles de repos et aux espaces fumeurs, ils n'accordent pas autant d'importance qu'il le faudrait aux sourires et aux rires. Ne pourrait-on pas imaginer une entreprise où chaque salarié serait invité à partager pendant cinq minutes un truc drôle, chaque jour à la même heure ? » ajoute Sylvie Chokron.

98 % des chefs d'entreprise
préfèrent embaucher
une personne qui exprime
sa bonne humeur plutôt
qu'une personne qui se montre
plus sérieuse. De même,
un supérieur doté d'un bon
sens de l'humour serait plus
respecté par ses employés.

# CHAPITRE 5

## LA CRISE (DE RIRE) DE LA QUARANTAINE

*« Le rire, c'est une des seules façons, quand on est dépassé intellectuellement par quelqu'un, d'arriver à communiquer avec lui. »*
Édouard Baer

*« Je cherche et je trouve toutes les occasions de rire de moi, ça désamorce tout. »*
Laetitia Casta

*« Les rides c'est bien, ça prouve qu'on a ri au moins une fois dans sa vie. »*
Michèle Bernier

*« Je n'étais qu'une bouffonne et une idiote avant d'avoir 40 ans. »*
Madonna

Ah, 40 ans. Milieu de la vie, point de non-retour pour certains, âge de la crise pour d'autres. À 40 ans on n'est plus si jeunes mais pas encore vieux, on peut changer de vie, de job, de mari, de sexualité, on a des enfants plus grands, on sait où on va, MAIS quid du cheminement humoristique ? A-t-on perdu sa légèreté ? Qu'est-ce qu'il nous reste ? À l'heure du bilan, où en est-on de son humour ?

À 40 ans, on est enfin bien dans ses choix, on assume qui on est. Est-ce pareil pour le rire ?
Le rire sauve-t-il l'homme ? Et d'ailleurs, y a-t-il un humour masculin d'un côté et un humour féminin de l'autre ?

Quel impact a l'humour dans nos vies d'adultes pas tout à fait jeunes, pas tout à fait vieux ?
Est-il trop tard pour devenir drôle et rire est-il le propre de l'Homme ?
Le rire peut-il sauver les Hommes ou au contraire les tuer ?
Ce qui nous faisait rire à 20 ans, à 30 ans, nous fera-t-il encore rire quand on sera à un âge où l'on s'assume enfin ?
Ayant la quarantaine toutes les deux malgré nos allures de jeunettes (mais si, enfin), nous avons décidé d'assumer notre âge, notre humour et de vous livrer la chose (pas nous hein, notre expertise).

**Est-ce que vous aussi vous avez l'impression que les gens de votre âge sont plus âgés que vous ?**

## L'humour peut-il sauver un couple du divorce ?

On ne va pas vous mentir. On n'a jamais entendu l'histoire d'un couple en pleine crise, qui a mûrement réfléchi à son divorce, qui tout à coup change d'avis parce que monsieur a fait une bonne blague à madame au moment de signer l'acte de divorce, entre la ligne « pension alimentaire » et la ligne « droit de visite ».

Non, jamais.
Et pourtant, on l'a vu, l'humour peut déjouer bien des drames, donner de la légèreté quand tout devient lourd, rendre la vie supportable.

Si le couple en est déjà au moment du divorce, la blague du plongeur sur un bateau n'y fera rien (pourquoi les hommes-grenouilles plongent toujours en arrière d'un bateau ? Parce que s'ils plongeaient en avant, ils tomberaient dans le bateau).
Mais avant, juste avant, ou très avant d'en arriver à un désamour, à une engueulade, on doit (oui, on DOIT) rire dans un couple, se taper des barres, des fous rires. Souvent, tout le temps, partout.
Rire de soi, de son couple, des maladresses, des disputes même !

En 2005, une étude américaine menée par Laura Kurtz, psychologue à l'université de North Carolina (États-Unis), a tenté de vérifier le lien entre l'amour et le rire. Son autrice a suivi 77 couples hétérosexuels en couple depuis quatre ans en moyenne. Son équipe de chercheurs a demandé aux couples de se rappeler comment ils se sont rencontrés en filmant leurs réponses. Les chercheurs ont compté combien de fois les couples ont ri ensemble en racontant leur histoire, et la durée de leurs rires. Puis, chaque couple a rempli un questionnaire sur sa vie de couple.
Le rire partagé en couple pourrait aussi indiquer que les participants sont avec des partenaires qui les soutiennent.

« Les participants qui ont plus rigolé avec leur partenaire pendant la conversation enregistrée dans le laboratoire ont dit se sentir plus proches et plus soutenus par leur partenaire », a conclu l'autrice principale de l'étude.

## L'humour peut-il sauver votre job et votre compte en banque ?

*« J'suis pas heureux mais j'en ai l'air*
*J'ai perdu le sens de l'humour*
*Depuis qu'j'ai le sens des affaires »*
Le blues du businessman, « Starmania »

On ne va pas vous mentir, si votre patron vous déteste et que votre banquier voit plus souvent votre compte en rouge qu'en noir… la blague du plongeur ne va pas non plus fonctionner.

L'humour, comme dans toute situation, peut désamorcer un conflit, être un pont entre un employé et un patron, un client et une banque.

L'humour se transforme parfois en « rire de combat ». C'est-à-dire en moyen de pression contre un management dont les méthodes sont jugées contre-productives. Caricatures, saynètes, dessins et bons mots sont souvent aussi efficaces qu'un conflit ouvert. Élu du personnel dans un organisme de logement social, Aziz n'hésite jamais à sourire à la table des négociations. « Présentés avec malice, bien des arguments deviennent imparables », assure-t-il. Et, plus quotidiennement, « l'humour permet de libérer la parole et d'apprendre, si nécessaire, à dire non. C'est indispensable », renchérit Didier Bouche, directeur de projet sur le campus L'Oréal à Chevilly-Larue.

N'oubliez jamais de sourire, de regarder dans les yeux, de plisser le regard et d'imposer vos rides du sourire... Sur un malentendu, le rire peut devenir une baguette magique.

## Peut-on perdre son humour ?

On l'a vu, rire et faire rire est signe de bonne santé mentale.
Et pourtant, un quadragénaire rit en moyenne 300 fois moins qu'un enfant de 4 ans.
On ne perd pas son sens de l'humour mais au fil du temps, du stress, des responsabilités, il s'efface peu à peu.
Entrer sur le marché du travail peut avoir pour conséquence fâcheuse de vous ôter tout sens de l'humour. C'est en tout cas ce qu'ont mis en lumière des chercheuses américaines qui ont interrogé plus d'un million de personnes dans 166 pays pour explorer quelle place avait la « légèreté » sur leur lieu de travail et essayer de comprendre comment notre rire évolue avec le temps, relate le *Times*. Et le constat est amer : à partir de 23 ans, on rit beaucoup moins.
Alors on fait quoi ? On garde son âme d'enfant ! Simple à écrire (on rit même rien qu'en l'écrivant), mais moins simple à réaliser. On ne ramène pas son travail chez soi, on mate des films drôles (et cons), on se chatouille (rigolothérapie ?), on dort et on essaie de ne pas vieillir trop vite (quoique, à la retraite,

une étude – encore une – a prouvé qu'on se remettait à rire, délesté des soucis de la crise de la quarantaine).

**En sortant du supermarché, le vigile m'a demandé de vider mon sac.**

**Je me suis assis et je lui ai parlé pendant deux heures.**

## Rire c'est bon pour la santé ?

Avoir 40 ans, c'est ce qu'on appelle communément le « milieu de vie ». C'est aussi vers 40 ans qu'il est recommandé de prendre soin de sa santé, de manger moins gras, de surveiller son cholestérol, son cœur, d'arrêter de fumer et… de faire du sport.

Mais qui parle des bienfaits du rire, hein ? Qui ?

La communauté médicale redécouvre que l'humour et le rire jouent un rôle thérapeutique important et favorise la guérison. Le rire a une action préventive puissante ; c'est un formidable « mécanisme », source de bien-être et d'équilibre physique et moral. Les gens qui rient beaucoup sont nettement moins malades que les autres et vieillissent moins vite.

Oui ! Le rire réduit le stress, active les muscles, renforce le lien social. Pour le Dr Henri Rubinstein, neurologue et auteur du livre *Psychosomatique du rire* (Robert Laffont), cela ne fait aucun doute. « Le rire est quelque chose d'incontrôlable, de l'ordre du réflexe. Et comme tous les réflexes, il a un objectif de protection. Au même titre que nos yeux se ferment pour se protéger d'un objet qui s'approche trop près, nous rions pour nous prémunir du stress. »

« Rire un bon coup, c'est comme faire un jogging stationnaire, illustre le Dr Rubinstein. Rire fait, entre autres, baisser la tension et favorise la digestion par effet de massage abdominal. De manière générale, cela contribue à renforcer notre système immunitaire et nous plonge dans un état de relaxation agréable. » De plus, rire permet de renouveler l'air qui stagne au fond de nos poumons. En temps normal, nous déplaçons environ 0,5 litre d'air en respirant. Mais lorsque l'on rigole, ce ne sont pas moins de 2,5 litres qui circulent.

« En expirant, nous éliminons toujours un peu de cholestérol, ajoute le Dr Rubinstein. Les grandes respirations du rire permettent donc d'en éliminer une plus grande quantité. » Une méthode plutôt plaisante pour lutter contre le risque cardio-vasculaire.

Par ailleurs, dans son livre *Le Rire, une source inépuisable de santé*, le Dr Raymond Abrezol confirme que le rire améliore la digestion, entraîne une détente musculaire et renforce les défenses immunitaires ! Sans parler des bienfaits sur le moral que nous avons déjà évoqués.

Alors rangez les baskets et riez un bon coup. À 40 ans ça sauvera (peut-être) votre santé !

## De bonnes choses arrivent lorsqu'on sourit – ou lorsqu'on est nu.

*« J'ai la chance de vivre avec l'homme le plus drôle du monde. »*

*(NDLR : c'est Louis Garrel, pour ceux qui ne lisent pas* Voici.*)*

Laetitia Casta

(*ELLE*, novembre 2022)

## LA PSYCHOLOGUE MEG-JOHN BARKER ET LA SOCIOLOGUE JACQUI GABB ONT MENÉ UNE ÉTUDE SUR L'AMOUR EN GRANDE-BRETAGNE.

Elles ont interrogé 5 000 personnes, hétéros et homos, en couple depuis longtemps. À travers *The Secrets of Enduring Love*, elles ont tenté de percer les secrets d'une relation amoureuse qui dure.

À la question « Qu'est-ce-que vous aimez le plus dans votre relation ? », la majorité des couples ont répondu : rire ensemble !

Eh oui, la clé du bonheur résiderait donc dans le fait de se poiler avec sa moitié, plutôt que d'avoir une vie sexuelle très active.

Le sexe n'arrive d'ailleurs même pas dans le top dix des réponses que voici :

1. Rire ensemble.
2. Partager les mêmes valeurs et des intérêts communs.
3. Être des meilleurs amis.
4. Se sentir épaulé par l'autre.
5. Se sentir bien et en sécurité.
6. Être heureux.
7. Avoir confiance.
8. Être proche de l'autre.
9. Parler et écouter.
10. Être aimé et aimer.

« Je pense que l'humour c'est encore plus fort que le sexe pour qu'un couple reste vivant sur le long terme ! Par exemple, le partage des tâches, c'est quand même le sujet le plus *boring* du monde, non ? Mais si on se moque l'un de l'autre, ça devient un jeu. Le tout, c'est de garder de la gentillesse, que les vannes ne soient pas unilatérales, évidemment. Et quand on a des enfants, si on n'arrive pas à rire avec eux (ou même d'eux… mais quand ils ne sont pas là), on risque d'imploser, non ? »

Alix Girod de l'Ain, journaliste

## YOGA DU RIRE

Dans les années 1970, le spiritualiste indien Shree Rajneesh, appelé aussi Osho, proposait à ses disciples des séances de méditation par le rire. Depuis, nombre de psychologues et de médecins participent à des stages de yoga du rire afin d'expérimenter sur eux-mêmes les bienfaits psychologiques d'une telle pratique. L'exercice méditatif se décline selon trois phases de vingt minutes chacune : la première consiste en un étirement musculaire de type stretching, la deuxième induit le rire sans retenue, la troisième est un retour au calme et un moment de relaxation profonde. Les techniques peuvent différer selon les animateurs, l'essentiel étant de laisser libre cours à un état naturel libérateur. Il s'agit en effet de s'alléger de nos psychorigidités et d'abandonner ce que le psychanalyste Wilhelm Reich a nommé la « cuirasse caractérielle », responsables de bien des maux au niveau sociétal. La sagesse japonaise assure qu'il ne faudrait pas laisser passer une journée sans rire, car cette activité fonctionne comme un véritable lubrifiant relationnel ! De son côté, Jules César disait de se méfier des « hommes qui ne rient pas » car, prévenait-il, « ils sont dangereux »...

## Assumer ses 40 ans pour une femme : le biais de l'humour

Au secours j'ai 40 ans, je fais quoi ? Cet âge fatal pour une femme peut être mal vécu. Une fois encore, l'humour peut sauver (ou aider).

Plusieurs options.

**Le suicide**
C'est radical, mais ça permet aux autres de garder une image de toi jeune et fraîche. Certaines ont testé, genre Marilyn Monroe (ah bah si, c'est un suicide, je le sais, j'étais là). Cependant, le suicide c'est triste.

**La fuite**
Moins radical que le suicide, mais pas idiot. Loin, personne ne saura si vous avez 30, 40 ou 89 ans. On vous conseille l'Asie. Comme ça.

**Le LOTO®**
Vieille mais riche, tout passe mieux. Pour gagner il faut jouer. Il paraît que 100 % des perdants ont tenté leur chance.

**Le Botox®**
Oui, mais certaines personnes sont restées figées, un peu trop figées. Alors figé ou ridé, à vous de choisir (oui, la vie est une suite de choix).

**Le voile intégral**

Par conséquent, on ne vous voit plus. Alors les kilos, la tronche ridée… pas de souci. Mais il va faire chaud, et en plus c'est interdit par la loi, alors…

**J'assume**

Bah oui quoi, 40 ans, meuf, c'est si jeune que je ne vois vraiment pas le souçaï (je parle comme Ophélaï si je veux. Celles qui savent, sauront).

Quand le dermatologue de Julia Roberts lui a proposé de combler ses rides en lui montrant devant un miroir son visage, la comédienne a rétorqué : « Combler quoi ? Savez-vous combien de bonnes histoires il y a derrière ce sourire ? Combien d'éclats de rire ? Combien de grands dîners ? Les combler… Mais qu'est-ce que vous racontez ? »

Alors rire pour rajeunir et être belle ? Rire plutôt que de se faire injecter du Botox et de mettre de la crème antirides ? La dermatologue Marie Jourdan préconise en effet de rire : « Avec le temps c'est l'état d'esprit qui prend le pas sur la beauté plastique. Au final, c'est bien notre énergie qui rayonne, et non pas un nez plus ou moins retroussé. Cette énergie vitale peut s'effriter avec le temps. Si mes patientes m'ont appris une chose, c'est que la meilleure arme pour appréhender le vieillissement, c'est le sens de l'humour : les contrariétés ont plus d'impact sur notre visage que les années qui passent, alors il faut s'armer de beaucoup de combativité et de positivisme... »

**Êtes-vous immature ?**

☐ OUI

☐ NON

**Êtes-vous nerveux ?**

☐ OUI

☐ NON

**Êtes-vous parano ?**

☐ OUI

☐ NON

Pourquoi ?

**Êtes-vous chiant ?**

☐ OUI

☐ NON

**Êtes-vous ivre ?**

☐ OUI

☐ NON

**Êtes-vous idiot ?**

☐ OUI

☐ NON

## Est-ce grave d'avoir 40 ans ?

Cette question, c'est comme se demander si c'est grave d'être une femme.

Ou est-ce grave d'avoir des poils aux jambes ?

Ou est-ce grave de ne pas réussir à se lécher le coude (là vous allez essayer et vous allez voir : c'est pas grave).

Ou est-ce grave de ne JAMAIS se souvenir de son mot de passe Facebook, Insta, Amazon ?

Ou est-ce grave de ne JAMAIS savoir combien de temps doit cuire un œuf à la coque ?

Ou est-ce grave de regarder le replay d'*Hélène les garçons* ? (Remarque...)

Ou est-ce grave de découvrir l'Amérique ? (Christophe C., si tu me lis...)

Ou est-ce grave de ne pas parler chinois ?

Ou est-ce grave de ne pas savoir se mettre du vernis ?

Ou est-ce grave d'avoir de la cellulite ?

Ou est-ce grave de ne pas avoir plus d'un ou deux partenaires sexuels dans sa vie ?

Ou est-ce grave d'aimer le fromage dans le café au lait ?

Ou est-ce grave de ne jamais avoir fait de yoga ?

Ou est-ce grave de ne pas manger bio et sans gluten ?

Ou est-ce grave de ne jamais se souvenir de la date d'anniversaire de son neveu ?

Ou est-ce grave de manger avec les doigts parfois ?

Ou est-ce grave de ne pas avoir d'avis sur tout ?

Ou est-ce grave de ne pas aimer le vin ?

Ou est-ce grave de kiffer les douches froides ?

Ou est-ce grave de ne pas faire l'amour sept fois par semaine ?

À toutes ces questions, et surtout à la première, la réponse est NON.

## Mais alors, qu'est-ce qui est grave à 40 ans ?

De ne pas s'aimer, de ne pas kiffer sa vie, de ne jamais avoir eu d'orgasme, de ne pas aimer ses enfants, d'avoir des soucis de santé, de croire que le monde est stone, de se forcer à tout, de ne pas rire, d'être toujours dans la retenue, de ne pas oser dire ce qu'on pense, d'être aigri, de se croire obligée de devenir mère, d'avoir honte de ce qu'on est, d'être obsédé par soi, de s'endormir le cœur lourd, de rêver d'une autre vie sans oser la vivre, de ne pas être reconnu à sa juste valeur, de penser que personne ne nous aime, d'avoir peur de tout, de regarder le replay d'*Hélène et les garçons* et d'oublier de rire.

**Enfin assez âgé pour faire tout ce que je veux...**

**Trop fatigué pour le faire, en fait.**

## Rire avec ses amis

Crise de la quarantaine, crise de couple, crise au boulot, crise existentielle. Qu'est-ce qui nous sauve ? Le rire et les amis !
À 40 ans, on sait qui sont ses amis, on les connaît, on sait qui cacherait un corps à 5 heures du matin pour nous sauver la mise. Les amis, cette béquille qui nous soutient, nous sauve, nous écoute, nous prend dans les bras et... nous fait rire !
Le poète Khalil Gibran écrivait : « Que la douceur de l'amitié soit faite de rires et de plaisirs partagés. »
Qui a vu *Le Cœur des hommes, Sex and the City* ou *Friends* sait que l'amitié est faite de sourires, d'humour, de fous rires, de poilades.
L'humour le plus admirable est celui qui survit à l'adversité et que nous avons le plaisir de partager avec des personnes qui comptent pour nous.
Rire c'est partager avec ses amis, ceux avec qui on peut rire de tout, ceux qui aiment notre humour et qui, en cas de crise (existentielle ou de rire), seront là, à nos côtés, pour pleurer, consoler et puis rire aussi.

Rappelons-nous Robinson qui, échoué seul sur son île, avait perdu la faculté de sourire avant l'arrivée de Vendredi...
Notons enfin pour l'anecdote que personne ne parvient à rire en se chatouillant lui-même !
Il faut être deux (au moins) pour rire et pour faire rire.

## ALEX VIZOREK

*Comédien, humoriste, auteur, c'est notre humoriste belge préféré ! Il adore le matin et ne fait que des émissions matinales. Auparavant, il était sur France Inter, aujourd'hui il est sur France TV et anime* Télématin. *On peut aussi le voir sur scène régulièrement. Pour paraphraser un grand auteur : Alex Vizorek est une œuvre d'art !*

### Quelle serait ta définition de l'humour ?

Pour moi, l'humour c'est difficile à définir. C'est un mode de communication, et si une personne en manque, je le vois immédiatement ! Mais ce qui est drôle pour moi n'est peut-être pas drôle pour l'autre. J'adore aller voir d'autres humoristes pour comprendre les mécanismes, voir les coutures.

### Quand as-tu pensé à devenir humoriste ?

Enfant, je n'étais pas le plus drôle, mais j'observais mon père qui faisait rire tout le monde, qui avait toujours un bon mot, une bonne blague : tout le monde le regardait. Il avait ce super-pouvoir car selon moi, faire rire les autres, c'est un pouvoir.
Alors je me suis dit : pourquoi pas moi ? Je suis devenu comédien et j'ai vite développé une connaissance de l'humour en allant voir les autres (Patrick Timsit, Élie Kakou...). Picasso disait que « l'art c'est comme le chinois, ça s'apprend ». Il avait raison. Pour moi, l'humour s'apprend. Me concernant, j'ai travaillé, j'ai observé, j'ai appris à l'école de théâtre. C'est du boulot, et j'ai découvert que j'étais meilleur pour faire rire que pour réciter Phèdre, et surtout que faire rire me plaisait !

### Ta technique, alors ?

L'humour, c'est une histoire en trois temps : émetteur, canal et récepteur. Selon qui est l'émetteur, selon le canal emprunté, selon le récepteur, l'humour peut être accueilli différemment. Parfois, oui, je m'autocensure selon à qui je m'adresse, selon si c'est sur scène ou à la radio. L'humour ne doit pas vexer selon moi, et je ne veux pas passer pour une personne inconsciente ou être récupéré à mon insu pour une blague qui n'aura pas été bien interprétée.

### Tu as beaucoup travaillé avec des femmes humoristes, notamment ta co-autrice de spectacle et partenaire Charline Vanhoenacker, est-ce que l'humour est genré ?

Je ne pense pas qu'il y ait un humour vraiment féminin mais, encore une fois, c'est toujours l'histoire de l'émetteur, du canal et du récepteur. Ce que dit Florence Foresti, si c'est moi qui le dis, ça ne fera sans doute rire personne, voire ça ne passera pas.

Par exemple, au départ mes co-auteurs n'étaient que des hommes, alors je me suis dit qu'il me fallait aussi une femme, et finalement c'est elle qui ose le plus les blagues sexistes et mysogines ! Mais raconté par elle, ça passe... par moi, moins !
Par ailleurs, je pense qu'une femme drôle est une femme intelligente, comme un homme en somme, et moi ça me séduit totalement.
Me concernant, je pense que je plais plus aux femmes parce que je suis arrivé à devenir qui je suis, c'est-à-dire que je suis drôle, je l'assume, je suis bien dans ma peau et ça se voit, donc... je plais plus qu'avant ! Et lorsque je passe une heure et demie sur scène, seul, à parler avec mon public, je le drague en réalité 😉

## L'humour sauve la vie

Le rire est un feu d'artifice pour le cerveau. Lorsque le cerveau identifie et comprend une plaisanterie, il libère des neurotransmetteurs liés au bien-être : dopamine, sérotonine et endorphines. Leurs effets sont bénéfiques pour l'ensemble du corps. Ils soulagent la tension, augmentent l'activité des cellules immunitaires et améliorent le flux sanguin. Ils aident ainsi à réduire le stress, à détendre les muscles et diminuent les risques cardio-vasculaires. Bref, à défaut d'aimer les pommes, une blague par jour permet d'espacer les visites médicales.
Et bien souvent, l'humour s'impose de lui-même car c'est un mécanisme de défense salutaire en situation de crise ! Il est même répertorié dans le *DSM-IV*, la bible de la psychiatrie américaine, comme l'un des 31 mécanismes de défense : c'est, d'après ses auteurs, un processus psychologique qui protège l'individu de l'anxiété, de la perception des dangers et du stress. En plus de mettre à distance les situations anxiogènes, il augmente l'impression de maîtrise sur celles-ci et grâce aux endorphines, il accentue le bien-être...

## Glousser, c'est ma passion !

Moi (Mamouz), rire, ça a toujours été mon activité favorite, et je suis ravie que ça puisse rendre les gens heureux, améliorer leur quotidien gratuitement et faire ressortir notre capacité à tous de s'émerveiller et de garder une âme d'enfant...

Enfin voilà, tout ça c'est sympa, mais j'ai eu envie de me professionnaliser. Le rire, comme n'importe quelle discipline, ça s'exerce, ça s'apprend. Eh oui ! Je l'ai d'abord théorisé, puis testé sur moi depuis deux ans avant de venir vous raconter mes découvertes.

J'ai vraiment enquêté sur le sujet et j'ai réalisé tous les bienfaits du rire sur la santé.

Dans mes recherches, j'ai découvert qu'il existe de très anciens et très sérieux clubs du rire dans 60 pays (on en recense plus de 6 000). Tous affichent la même raison d'être dans leurs statuts : le rire est le moyen le plus sûr d'adopter une attitude plus positive face à la vie.

Grâce à la rigolothérapie (si si, ça existe !), les adeptes peuvent acquérir une souplesse intellectuelle et gagner la sensation de se sentir reconnectés à la vie et au monde. Ces récentes découvertes viennent confirmer le très vieil adage : « Rire c'est bon pour la santé, c'est bon pour le moral. » #TeamRigoloThérapie

Vous saviez, par exemple, que le cerveau ne sait pas quand le rire est forcé ou sincère ? Une expérience a révélé que dans une salle de cinéma, la moitié des spectateurs qui tenaient un stylo dans la bouche, les forçant à sourire, ont bien plus aimé le film que ceux qui tenaient leur stylo bouche fermée. Sourire vous permet d'aimer le film de votre vie.

Je vais vous donner un autre exemple. Vous connaissez Norman Cousins ? Cet homme souffrait d'une spondylarthrite ankylosante et pour se soigner, pas de chimio, pas de radiothérapie. Il a choisi une autre méthode : il a décidé de louer une chambre d'hôtel et de regarder des films drôles. Et bim ! Le rire a anesthésié sa douleur. Il s'est soigné par le rire.

Et pour tout vous avouer, moi aussi je me suis guérie de mon premier énorme chagrin d'amour grâce aux films du Splendid ! *Le Père Noël est une ordure* et *Les Bronzés* m'ont sauvée !

Il existe aujourd'hui un large consensus dans la communauté scientifique quant aux effets positifs de la bonne humeur et de son expression par le sourire et la rigolade.

Ensuite, je me suis intéressée au yoga. Pas de chien tête en bas ni de chien tête en haut, mais le rire au poste de commande.

Et c'est comme ça que je suis devenue prof de yoga du rire. Une discipline où le mantra, pour parler yoga, c'est de s'influencer positivement grâce à l'humour.

N'oubliez pas que le cerveau est un muscle. Et comme tous les muscles, ça se travaille, ça s'entraîne et ça paye. Ce yoga me fait comprendre que la meilleure méthode pour atteindre le lâcher-prise, c'est le rire. Et au vu des milliers d'ouvrages vendus en développement personnel (notamment par mon éditeur), force est de constater que cela répond à un besoin. Et comme tout, le rire ça s'exerce : on peut apprendre à voir la vie du bon côté.

Finalement, cette aventure a commencé sur Instagram, qui est pour beaucoup vu comme le royaume du *fake* du « plus beau que la réalité », mais qui pour moi est devenu un espace de vérité absolue.

C'est le meilleur canal pour distiller et partager cet humour à la fois incisif et absurde qui me réjouit.

Le rire peut vous prendre partout, sans crier gare. Il est immédiat, sans questionnement. On pouffe, peu importe

l'endroit où l'on se trouve, et peu importe la personne qui nous accompagne. @dj_fattony_, un de mes comptes préférés et dont je me suis inspirée, l'a très bien dit : « Les mèmes sont nos sauveurs face aux horreurs de la vie. »
Au-delà de la blague, finalement quelque chose de plus profond se joue.

Je m'avoue à moi-même que je me sens à ma place, comme si c'était ma mission, faire du bien aux gens en les faisant rire.

**Conseils de Mamouz :** ma philosophie de vie, c'est mettre des lunettes roses pour supporter les difficultés du quotidien.

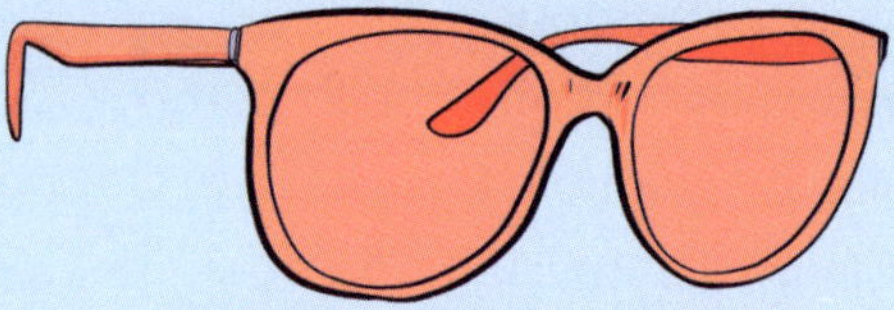

Dr @mamouz va vous donner de précieux conseils… Blague à part, c'est très sérieux de rire pour combattre le stress, pour réguler le cholestérol ou pour avoir une meilleure digestion ! Et même maigrir sans m'aigrir, ah ah ah. Pour une thérapie du rire.

## Les bienfaits du rire

**Améliore le système immunitaire**

**Renforce le système digestif**

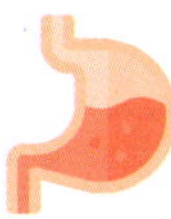

**Détend les muscles**

**Bons effets sur la respiration**

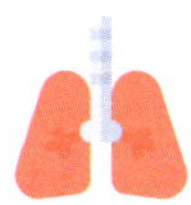

**Module la douleur**

**Permet de maigrir sans s'aigrir**

Alors on va commencer avec...

***Tip* 1 :** on respire ! On inspire et on expire uniquement des *good vibes*, comme notre Keanu Reeves préféré...

## Bloquer toutes les ondes négatives :

Comme ces panneaux de la route revisités.

Ces livres de développement personnel si efficaces ! Tellement efficaces que j'en ai acheté deux, ou plus simplement, cette astuce de jardinage qui consiste à faire pousser des fleurs dans votre tête devenue elle-même jardinière.

Pour moi, il est très important de rire ou plutôt de s'armer d'autodérision. C'est le meilleur outil pour se sentir bien dans son corps, ses baskets ou sur ses talons.

***Tip 2 :*** « cherche pas, t bonne », c'est un des meilleurs dessins et un des meilleurs conseils. @latrentainetmtc on devrait l'afficher sur nos balances.

Et le syllogisme : danser fait maigrir, l'apéro fait danser, donc l'apéro fait maigrir...

**Danser fait maigrir,
l'apéro fait danser,
donc...
l'apéro fait maigrir !**

Ce qui compte, et ça vaut pour tout dans nos vies, c'est l'autobienveillance !

Le physique est un sujet qui revient très régulièrement dans mes publications... et il se passe un truc étonnant : dès que je poste un message drôle ou sarcastique sur le physique, je récolte toujours une pluie de *likes* et de commentaires positifs. Les leggings, par exemple...

**Les leggings et les enfants
ne mentent jamais.**

J'aime me moquer gentiment des bonnes résolutions de sport. À part quelques accros (on ne sait pas à quoi ils ont été nourris), on a tous un côté Bridget Jones. Avouez que ça fait du bien de savoir que le dimanche on **préfère tous rester**

**en jogging que de faire du jogging**. Et de toute façon le juste poids, c'est quand les régimes on s'en balance.

## Glandimancher
### (v.) Glander le dimanche.

Je peux aussi révéler des secrets perso, peut-être que si ça marche aussi bien sur mon compte Insta, c'est que je suis la première concernée par les problèmes de poids : ma mère m'a élevée entre les farines ajoutées pour que je dorme et les cacahuètes des hippies sans le sous (elle avait lu qu'il y avait tous les nutriments nécessaires à la croissance)... oubliant les effets catastrophiques des calories ingurgitées avant l'âge de 2 ans.. Résultat, je me suis battue contre mon poids toute mon adolescence, entourée de deux frères maigrissimes que je maudissais... Je me battais avec mes envies de Nutella et autres cochonneries.
J'ai donc enchaîné TOUS les régimes... Parfois je ne mangeais qu'une pomme par jour, me trouvant archi grosse.
J'ai testé le régime dissocié, associé, feng shui, chou kale, la monodiète, le régime Thonon, les sachets protéinés, et j'en passe...

Que j'aime vieillir et m'apaiser, et que j'aime la nouvelle génération et ses affirmations sur le *body positive* ! Grâce à elle, j'aime mes joues, même si quand je ris elles cachent mes yeux.

***Tip* 3 : faire du sport à la Celeste Barber**
En ce qui concerne l'effort physique, je suis croyante, mais pas pratiquante.
Chaque printemps, les journaux nous cassent les pieds ou plutôt le corps : il faut préparer le *bikini body* se mettre au sport !
Mais il faut connaître ses limites. Ou savoir ruser. Ou utiliser votre CPF pour une formation Photoshop.

***Tip* 4 : avoir des bonnes idées, pratiques, ou tout miser sur l'intellect.**

***Tip* 5 : le plus important pour moi est de s'assumer soi-même et d'assumer son corps.**

***Tip* 6 : ne rien s'interdire avec l'âge.**

***Tip* 7 : ne pas croire au prince charmant.**

***Tip* 8 : connaître les bonnes recette *healthy*.**

***Tip* 9 : sommes-nous vraiment à plaindre au final ?**
Nous parlons de nous et de nos corps, mais on oublie souvent que pour certaines personnes c'est vraiment pas facile tous les jours.

***Tip* 10 : avoir un bon copain.** Si on n'arrive pas à avoir un corps parfait, autant trouver des esprits aussi barrés que soi. Si vous vous sentez cassé dans la vie, il y a toujours des mécanos pour vous réparer. On voit ce qui craque quand ils ont décidé d'emmerder même les statues. Et merci les copines, sans vous ce serait beaucoup moins sympa, la vie !

# DR ALAIN TOLEDANO

*Président et cofondateur de l'Institut Rafaël, dont le mantra est « Faire de la maladie une parenthèse ». Alors comment ? Peut-être grâce à l'humour ? C'est ce que l'on va demander à ce spécialiste en oncologie et en radiothérapie.*

## Que pensez-vous du rire ?

Le sourire et le rire, ce n'est pas pareil. Un jour, je rentre à la maison et mon fils de 14 ans me dit : « Le sourire enrichit celui qui le reçoit sans appauvrir celui qui le donne. Il ne dure qu'un instant et s'en souvenir est éternel. Personne n'est assez riche pour s'en passer, personne n'est assez pauvre pour ne pas le mériter. » Je m'en rappelle encore. C'est phénoménal.

## Vous servez-vous du rire pour soigner ?

Plutôt deux fois qu'une ! Nous avons organisé un congrès sur le sourire, les échelles du sourire selon les relations. Nous travaillons sur le rire et son impact sur le physique et le moral.
Il y a plein de sortes de rire, comme celui de la distanciation, celui de la gêne quand la personne est dans une situation délicate. Il y a plein de bienfaits exceptionnels du rire. Je pense souvent à la scène de Gérard Darmon dans *LOL*.
Ici on a une histoire, on soigne des cancéreux. On doit lutter contre des représentations mentales négatives, or nous rencontrons beaucoup de femmes et d'hommes qui nous disent : « Heureusement que j'ai eu mon cancer... » Au début nous sommes gênés, on ne sait pas où se mettre. On ne peut pas encaisser ni accueillir ça, le transfert ne marche pas. On n'a pas les armes pour comprendre ce qu'ils racontent. Et paradoxalement, une fois qu'on a réussi à gérer les peurs, l'électrochoc d'avoir eu un cancer, on s'aperçoit que la relation à l'autre a changé. On a redonné un sens, un équilibre. Toute cette histoire se passe dans l'accompagnement à la résilience, le rire est un

outil. Pour nous, c'est un objectif.
Ici on reçoit deux choses, les pleurs et les rires, l'espoir et l'incertitude. Ça pleure beaucoup, mais pas toujours de tristesse. Et le rire peut être un exécutoire, il ouvre le chemin des possibles.

### Comment faites-vous passer le rire ?

C'est délicat. Parce que nous rentrons dans la vie des malades qui sont pleins d'émotions. C'est asymétrique. Les patients déposent beaucoup plus que nous les médecins. Il faut de la tendresse, être à l'écoute, trouver le bon champ sémantique, respecter le silence.

### Le rire vous sert-il au quotidien pour dédramatiser ?

On est sans cesse pris par l'émotion, comme cette femme de 32 ans qui arrive en pleurs ce matin, et qui quelques minutes après arrive à relativiser et part dans un fou rire. Elle est embarquée dans un projet et sort avec un gros poids en moins.
On voudrait mettre en place tout un système autour du rire, des ateliers, etc. On y croit beaucoup.

### Le rire a-t-il des bienfaits réels ?

Bien sûr ! Rire réduit le risque cardio-vasculaire, ça se voit très clairement à l'IRM. L'imagerie cérébrale le montre, car biologiquement l'être humain libère des hormones après avoir ri. Il y a un truc psychique que le rire déclenche aussi. Il peut changer la vie des gens !

# CHAPITRE 6

## MOURIR DE RIRE

*« L'humour renforce notre instinct de survie*
*et sauvegarde notre santé mentale. »*
Charlie Chaplin

*« Le rire, c'est comme les essuie-glaces :*
*ça permet d'avancer même si ça n'arrête pas la pluie. »*
Gérard Jugnot

*« Je me presse de rire de tout, de peur d'être obligé d'en pleurer. »*
Pierre-Augustin Beaumarchais

*« Un fou rire à un enterrement*
*Je m'en veux, je m'en veux vraiment*
*C'était nerveux sûr'ment*
*En tout cas c'était pas l'moment. »*
Bénabar, *Le Fou Rire*

La maladie, le drame, la peine et la souffrance sont des thèmes dont on pense immédiatement que non, ce n'est pas drôle.
Et pourtant, Molière, dès le XVII^e siècle, en riait dans *Le Malade imaginaire*.
Et pourtant, Billy Wilder disait : « Les pessimistes ont fini à Hollywood, et les optimistes à Auschwitz. »
Et pourtant, certains humoristes se servent de leur dépression, de leur addiction, de leur maladie pour en rire sur scène ou au cinéma.
Alors comment rire de la maladie, de la souffrance et de la mort ?
Comment devenir drôle en de pareilles circonstances ?

Est-il possible de rire des attentats, du cancer ou lors de la mort d'un proche ? Avoir un fou rire à un enterrement, est-ce envisageable ?

D'instinct, nous croyons que oui (nous = nous, les autrices), et lors de l'écriture de ce livre, quand la reine d'Angleterre est morte, nous avons réussi à en rire.

En quoi le rire permet-il de désamorcer une situation dramatique ? Et surtout, comment faire pour que l'humour soit bien amené et jamais grossier en de pareilles circonstances ? Pourquoi et comment l'humour met-il de la légèreté et de la distance dans le drame ? L'humour, est-ce une question de survie ?

Entre le rire et le répit : le dépit… alors nous allons tenter d'y répondre. Sortez les mouchoirs, nous allons pleurer (de rire).

## Mourir de rire pour soulager sa peine

La mort est à la mode, entendons-nous bien. À la mode médiatiquement. La rabbine Delphine Horvilleur en a fait un best-seller : *Vivre avec nos morts* (Grasset). Elle a reçu le prix Renaudot des lycéens ainsi que le prix Renaudot du livre de poche. Elle y raconte ses expériences dans l'accompagnement des morts, puisque c'est une des particularités du métier de rabbin. On y découvre les cérémonies en solo, les angoisses d'imaginer son propre enterrement. Des moments tragiques, mais qui parfois créent de grands moments de rire, de fou rire. On appelle cela les nerfs de la tristesse, le rire serait un excellent moyen de relâcher les nerfs et surtout d'évacuer la tristesse. Il permet d'extérioriser les émotions et de rendre la situation un peu plus supportable.

*« La mort est tellement absurde qu'elle suscite l'humour. »*
*Au bonheur des morts*, Vinciane Despret

## A-t-on le droit de rire à un enterrement ?

On ne va pas se mentir, quand on pense mort, on pense larmes, on pense tristesse, on pense drame, on pense manque. On le sait, on a déjà traversé, comme tout le monde, la mort de proches. On ne recommande pas cette expérience, on mettra une étoile sur TripAdvisor.

Un enterrement est rarement drôle, même si parfois l'évocation de certains traits de caractère du défunt peut arracher un sourire à l'assemblée. Mais en général, ça « ne se fait pas » de rire à un enterrement, c'est inadéquat et malvenu.

Et pourtant, l'humour permettrait d'alléger la peine, on ne cesse de le répéter.

Lors de son enterrement, en octobre 2019, un Irlandais, Shay Bradley, a diffusé un discours posthume au ton humoristique lors de son enterrement : il avait emporté dans sa tombe une enceinte pour diffuser un étrange message.

Sa voix retentit depuis le sol : « Bonjour ? Bonjour ? Laissez-moi sortir ! » Il poursuit : « Putain, il fait sombre là-dedans ! Je peux vous entendre ! Est-ce le prêtre que j'entends ? Je suis dans la boîte, vous entendez ? Non, en face de vous ! »

Puis il conclut en chantant : « Re-bonjour. J'ai juste appelé pour dire au revoir. »
Le message avait été enregistré l'année précédente, le défunt avait préparé son « coup » car il était malade depuis quelques années. Seul le frère et le neveu du défunt étaient au courant. « Il voulait être sûr que sa femme quitterait le cimetière en riant, pas en pleurant. Il a réussi. »
On adore aussi cette blague incroyable qu'a faite Antoine de Caunes lors de l'enterrement de son camarade et ami Philippe Gildas, en 2018.
Comme l'a raconté Laurent Chalumeau, ami de de Caunes et de Gildas, sur son compte Insta : « Hier, parce qu'il faut ce qu'il faut, Antoine de Caunes avait fait croire à José Garcia que Maryse avait souhaité un *dress code* tout en blanc pour le dernier au revoir à Philippe. José s'est donc pointé tout de blanc vêtu, à l'exception de son manteau, comme à une *pool party* dans la villa d'Eddy Barclay à Saint-Trop. Quelle ne fut pas sa déconvenue en découvrant qu'il était évidemment le seul à qui cette instruction avait été communiquée.
Comptez sur moi pour ne rien avoir épargné à José : "Tu cherches Collaro ? Il est là-bas, avec Carlos. Ils t'attendent pour la pétanque et le pastis", etc. Maryse était hilare. Même Philippe, dans sa boîte avant qu'on ne la brûle, était mort de rire. »

Alors... rions même (aussi) aux enterrements ! Ce sera plus léger.

**Mon patron à mon enterrement :**

**« Je sais que vous n'êtes plus là, mais pourriez vous faire quelques heures supplémentaires cette semaine ? »**

## Yoga du rire lors d'un enterrement

Julie-Mamouz : en écrivant mon premier livre, j'ai découvert les clubs du rire... il y en a 6 500 dans toute la France, je voulais absolument savoir ce qui s'y passait. J'ai fait une formation de yoga du rire en septembre 2022, et j'ai adoré entendre confirmer tout ce à quoi je croyais.

Et la plus jolie histoire que j'ai entendue, c'est celle d'un monsieur âgé qui adorait ses séances de yoga du rire pratiquées dans son Ehpad et qui a demandé à sa famille de prévoir une session lors de son enterrement. Après hésitation, les proches ont accepté et ont fait faire du yoga lors de l'enterrement. Cette histoire m'émeut beaucoup.

## CONTINUER DE RIRE APRÈS ? ÉPITAPHES DRÔLES

« Revenez quand vous voulez, je ne bouge pas. »

« Désolée pour ma poussière. » Dorothy Parker, qui s'est fait incinérer.

« Ci-gît Allais - sans retour. »

« Laissez-moi dormir ! J'étais fait pour ça. » Francis Blanche

« Je suis un écrivain, mais personne n'est parfait ! » Billy Wilder

« Enfin seul ! » Arman

« Priez le Je-ne-sais-qui – j'espère Jésus-Christ. » Eugène Ionesco

« Je vous l'avais dit que j'étais malade. »

« On a enfin trouvé une place où se garer à Georgetown. » Sterling Ivison

QUIZ

# Rire à un enterrement, ça se fait ou pas ?

Quoi de pire que la mort d'un être cher (sans doute la pénurie de moutarde et d'essence, non ? NON ?) ?
Un enterrement, c'est rarement gai, et puis surtout, a-t-on le droit d'y faire ce que l'on veut ?

Alors, à un enterrement, ça se fait ou pas de...

**1/ Mettre de la musique pointue comme Francky Vincent, *Tu veux mon zizi...* (a priori c'est déplacé, mais tentez le coup) ?**

**2/ Avoir un fou rire (idem, a priori déplacé, mais l'émotion, tout ça peut faire faire n'importe quoi, tentez-le) ?**

**3/ Venir déguisé (ce serait comme un anniversaire déguisé, mais en mode enterrement déguisé. On n'a jamais vu ça, mais ça peut être fun) ?**

**4/ Faire un discours très désagréable à propos du défunt (il était laid, méchant, sentait mauvais et ne savait même pas lire l'heure : on adore) ?**

**5/ Faire la promo de son livre et le dédicacer (c'est pas ultra chic, on en convient, mais c'est l'occasion d'avoir une foule devant soi) ?**

6/ Répondre au téléphone (non, évidemment, mais si c'est ENFIN le mec de Orange ou SFR qui rappelle, on ne peut PAS le louper) ?

7/ Mettre des AirPods afin d'écouter un podcast sur la reproduction des araignées géantes en Moldavie (ça se tente) ?

8/ Arriver habillé en rouge carmin (le noir c'est SURFAIT) ?

9/ S'asseoir sur la tombe du mec d'à côté et dormir (oui oui, le sommeil c'est VITAL) ?

10/ Fumer une clope (ÉVIDEMMENT, non) ?

**RÉSULTATS :**

Si vous avez répondu « ÇA SE FAIT » à toutes les questions, c'est que vous êtes un goujat, mais un drôle de goujat.

Et n'oubliez pas que « La vie c'est mourir aussi... Et mourir c'est vraiment *strong*... c'est rester en vie au-delà de la mort... » (Jean-Claude Van Damme)

## Rire du suicide ? OUI !

C'est le pari osé de l'écrivain Sylvain Tesson, à travers son livre *Noir* et l'exposition de croquis de pendus qu'il a lui-même dessinés. Une façon de narguer la mort et pas seulement la mort, mais aussi le suicide, sujet éminemment délicat et triste. Les croquis de pendus, c'est un aphorisme : c'est une silhouette verticale, debout devant la mort, déjà au Ciel, digne. Les dessins de Tesson ne sont pas macabres, mais tendres, il se réfère à Charles Baudelaire : « Ridicule pendu, tes douleurs sont les miennes. » Et puis ces pendus sont très graphiques. Bref, Tesson, qui a frôlé la mort après une chute, a un rapport banal à la mort : « Je la crains, mais elle me pend au nez. On doit faire comme si la mort n'allait pas arriver... Il faut réussir à trouver une position médiane entre la mort et mes dessins, c'est un juste milieu de conjurer la mort. »

### L'HUMOUR NOIR SAUVERA-T-IL LE MONDE ?

« Voilà une semaine qui commence bien ! » déclare le condamné qu'on mène à l'échafaud un lundi. Un humour noir qui permet de dire des horreurs avec flegme et décontraction. Dans son dernier livre, *Wit Spirit* (Mots et Cie), consacré à l'humour anglais, Jean-Loup Chiflet nous en propose des centaines d'exemples : « Après douze ans de thérapie, mon psychiatre m'a dit quelque chose qui m'a mis les larmes aux yeux : "*No hablo inglès.*" (Je ne parle pas anglais.) » Ou encore : « J'ai expliqué à mon médecin que je m'étais cassé la jambe en deux endroits. Il m'a interdit d'y retourner. »

**Quand tu penses qu'il n'y a plus d'espoir, pense aux homards qui étaient dans l'aquarium du restaurant du *Titanic*.**

## L'humour, ennemi des dictatures ?

La preuve pour nous que l'humour est signe de bonne santé et de bonheur, c'est que dans les dictatures, l'une des premières choses qui disparaît, que le dictateur supprime, c'est l'humour.

Les dictateurs, presque tous paranoïaques, n'ont pas trop trop d'humour. Jamais vu une photo d'Hitler ou de Staline morts de rire. Quant à Poutine, on trouve qu'il a l'air crispé, mais... ce n'est que notre avis...

La fâcheuse manie des dictateurs d'instaurer des régimes excluant toute liberté – d'inventer, de créer, de se révolter –, rend peu propice l'éclosion de l'humour. Pour s'offrir un espace de respiration, leurs opposants ont en revanche souvent recours à lui. « Après une conférence avec les membres du Politburo, Staline ne retrouve plus sa serviette contenant des documents secrets. Il téléphone immédiatement à Beria, chef de la police politique, et lui ordonne de faire arrêter tous les membres du Politburo. Or, le lendemain matin, il retrouve sa serviette chez lui. Il rappelle Beria et lui demande de libérer les prisonniers. "Trop tard, répond Beria, ils ont tous avoué." » Quant à Hitler, il avait fait interdire tous les humoristes qui se moquaient de lui et du nazisme. Mais aux États-Unis, l'humour, notamment celui de Chaplin dans le film *Le Dictateur*, a justement été une arme de défense et a servi à se moquer de Hitler : l'humour, voie détournée pour dénoncer le pire. Cela s'appelle la résistance par l'humour.

Et cet humour combatif contre les idées du nazisme s'est aussi poursuivi dans le cinéma après la guerre. Ainsi, des décennies après la fin de la Seconde Guerre mondiale, des films comme *La vie est belle* de Benigni, *Inglorious Bastards* de Tarantino ou *Les Producteurs* de Mel Brooks, ont pris le parti de continuer à rire et de se moquer du régime nazi comme le faisait Chaplin durant la guerre. En effet, l'humour peut assumer une « fonction mémorielle », qui aide à évoquer les sujets psychologiquement difficiles à appréhender. C'est sans doute une des fonctions de l'humour : prendre du recul, tenter de comprendre l'inacceptable. Et c'est sans doute aussi de cette façon que l'humour juif est né.

## HUMOUR JUIF

L'humour juif, c'est une forme d'ironie, d'autodérision. L'humour juif, c'est une façon de prendre de la distance par le rire. C'est le second degré, une façon de rire de soi et l'absurde qui prend ses racines dans la Bible. (Abraham et Sarah qui rient lorsque Dieu leur annonce qu'ils vont devenir parents à un âge avancé.)

# Rire dans les camps ?

Eugène Ionesco disait : « Où il n'y a pas d'humour, il n'y a pas d'humanité, où il n'y a pas d'humour, il y a le camp de concentration. » Et pourtant, même dans les camps de concentration, ceux qui sont revenus en ont témoigné, il y a eu des blagues et une certaine forme d'humour, afin de lutter et de tenter de survivre. Germaine Tillion (résistante dont la dépouille est entrée au Panthéon en 2015) l'a décrit. Arrêtée sur dénonciation en 1942 (par un prêtre français collabo qui vivait avec deux femmes à Paris et qui fut fusillé en 1949), l'ethnologue a survécu à la guerre malgré un long séjour au camp de concentration pour femmes de Ravensbrück, à partir d'octobre 1943. Là, affectée au service du tri, elle écrit une opérette, *Le Verfügbar aux enfers*, où elle raconte l'humour, les astuces et la solidarité déployés par les détenues pour survivre : « J'ai écrit une opérette, une chose comique, car je pense que le rire, même dans les situations les plus tragiques, est un élément revivifiant. »
Dans son ouvrage *Rire, mémoire, Shoah*, Doron Rabinovici écrit : « L'humour nous aide à supporter la douleur tout en laissant la douleur continuer à faire son œuvre. »

## Les fanatiques ont-ils peur de l'humour ? #JeSuisCharlie

Apparemment, oui. C'est l'humour de *Charlie Hebdo* qui a mené à l'attentat.
L'humour, on l'a vu, était une arme de combat durant la Seconde Guerre mondiale, elle le reste aujourd'hui.
Et cet humour tue. Mais les dessinateurs de *Charlie Hebdo* peuvent heureusement se sentir soutenus : et par la population française et par la Cour européenne des droits de l'homme qui qualifie la caricature « comme un genre outrancier qui peut blesser, pourvu qu'il contribue au débat démocratique et aux progrès du genre humain » et qui ajoute que « toute croyance peut faire l'objet de la satire ». Lors du procès de ces attentats, Richard Malka, avocat de l'hebdomadaire, a conclu : « Ils pourraient tous nous tuer, ça ne servirait plus à rien parce que "Charlie" est devenu une idée, *Charlie Hebdo* vous en avez fait un symbole ! » Cela rappelle ce proverbe mexicain : « Ils ont voulu nous enterrer. Ils ne savaient pas que nous étions des graines. »

*« Sur le fond, je pense que l'humour est évidemment la meilleure arme pour pouvoir parler à tout le monde de choses pas forcément gaies. C'est le meilleur dénominateur commun entre les gens. Ce dont on réussit à rire ENSEMBLE est tout de suite moins grave, comme mis à distance. Mais ça a ses limites évidemment, les vannes sur l'Ukraine ou sur les génocides par exemple, c'est pas possible à mon sens. »*

Alix Girod de l'Ain

## CAROLINE LE FLOUR

*Autrice, humoriste et psychologue comme elle se définit sur Instagram, Caroline Le Flour, c'est la star de la résilience. Atteinte d'un burn out, d'un cancer et d'infertilité, elle a réussi à garder le sourire et à se battre grâce à l'humour. Alors, c'est quoi sa recette ?*

### Comment t'est venue l'idée de te mettre en scène et d'utiliser l'humour pour parler du cancer ?

C'est plutôt l'humour et le besoin de rire qui se sont imposés à moi. Il font partie intégrante de mon ADN, un héritage transgénérationnel, en somme.

Lorsque j'ai appris que j'étais malade, l'heure était grave, mais j'ai tout de suite eu besoin de rompre cette ambiance « morbide » avec de l'humour. Je me suis mise à écrire tout ce qui me faisait rire : l'annonce maladroite des médecins, les réactions des proches, les questionnements sur le « pourquoi moi ? », sur le sens de la vie... J'écrivais pour ne pas oublier, et c'est devenu peu à peu une sorte de témoignage posthume au cas où je ne passerais pas le cap. Je voulais avoir fait rire une dernière fois ma famille. J'étais jusqu'alors préposée à l'écriture des discours pour les cérémonies de mariage et les enterrements familiaux,

j'aimais faire rire dans les moments graves. Qui n'a jamais été pris d'un fou rire lors d'un moment grave ? Dans les moments éprouvants, il me semble que le rire vient comme une bouffée d'oxygène, une respiration.
J'ai ensuite été déclarée en rémission. C'est quelques années après, lorsque j'ai su que j'avais des problèmes de fertilité, que j'ai poursuivi mes écrits. J'ai enfin fait des rencontres vertueuses qui m'ont poussée à utiliser cette matière humoristique pour en faire un one-woman-show. Je n'avais pas forcément décidé de le jouer et c'est une fois de plus le hasard, ou la synchronicité de la vie, qui m'a amenée à le jouer pour témoigner de mon histoire lors d'un congrès international du cancer. Monter sur scène fait clairement partie de mon processus de résilience individuel, mais une fois sur les planches, j'ai compris que ce spectacle remplissait une mission collective, celle d'accompagner, de soutenir les malades, les proches, mais également de sensibiliser le grand public et de démocratiser la prise de parole sur ce sujet, encore trop tabou. J'arrive à le faire grâce à l'humour justement.

## Le titre de ton spectacle, « La chauve sourit », c'est de toi aussi ?

Le titre a été trouvé par ma sœur, Cathy. Il lui est venu lors d'une de nos crises de fou rire, lorsque je lui ai lu le texte du spectacle. Lorsqu'elle m'a offert ce titre, j'ai tout de suite pensé au sketch de Jean-Marie Bigard, « La Chauve-souris ». J'ai fait un lien direct avec le spectacle, car tout au long de ce sketch on entend dire « admettons », « admettons qu'elle y arrive ». Alors j'ai pensé : « Je me suis toujours dit ça pour les autres, alors pourquoi pas pour moi ? » C'était chose faite, le titre était trouvé et le sous-titre aussi : « Mon cancer va vous faire mourir... de rire ! »

## Pour toi, le rire peut-il guérir ?

Je ne sais pas si le rire peut guérir. Ce que je sais, c'est qu'il est bon pour la santé, c'est prouvé scientifiquement. Ce que j'éprouve chaque jour et à chaque représentation, c'est que le rire rassemble, unit, réconcilie, fédère, rompt l'isolement, ressource, dynamise, calme, libère la parole et les émotions, démystifie, brise les tabous, permet de faire passer des sujets de fond de manière ludique.

### Tu le vois plutôt comme une thérapie, un médicament ?

Je le vois comme un allié, un support, un vecteur de vie, un indicateur de bonheur. Le rire m'a permis de prendre une certaine distance parfois, pour me laisser le temps nécessaire à l'acceptation face à l'adversité. Le rire est vraiment un levier de résilience à actionner très puissant.

### L'humour, c'est ta vision du monde ?

Je crois que j'ai toujours chaussé les lunettes de l'humour dans la vie. Je vous rassure, je ris aussi quand les choses vont bien !

### Comment faire pour rire de l'indicible ?

Il faut être prêt à en rire, et en même temps, en rire aide à en parler, donc à être prêt. Il aide à avancer.

### Est-ce que ça fait rire tout le monde ? As-tu des retours de spectateurs gênés ?

Une personne m'a un jour dit : « On ne peut pas rire de choses si graves. » Elle n'avait pas vu le spectacle, et ma limite dans l'humour noir a été de ne pas vouloir blesser. Je l'ai donc invitée à venir le voir, et elle s'est surprise à rire beaucoup. Parce que finalement, ce one-woman-show parle de la maladie, mais surtout de la vie. L'humour me permet d'aborder des sujets sensibles en lien avec la maladie, comme la maladresse de l'entourage, la solitude, la perte des cheveux et des poils aussi (eh oui !), de la sexualité, de l'après-maladie. Le spectacle est décapant, alors le public rit et se surprend même à oublier

qu'on parle de cancer pendant une heure. Les retours sont unanimes : « ça parle de la vie tout simplement », « hilarant », « aussi drôle que poignant »... En bref, on soutient, on sensibilise, mais surtout on rit !
Attention, je propose le rire, mais je ne le prône pas. Chacun est libre de rire ou non.

## Es-tu devenue plus drôle avec la maladie ?

Je ne sais pas si je suis plus drôle, mais en tous cas je m'autorise à écouter mes besoins, mes émotions, et je libère plus facilement mon rire. Depuis le spectacle, j'ai découvert que je savais écrire et que j'étais drôle. En tous cas pour le public qui me suit. J'ai un humour plus cash, plus efficace.

## La maladie a-t-elle décuplé ton besoin de rire et de faire rire ?

J'ai toujours eu besoin de rire, mais mon rire est plus profond et ancré depuis la maladie.

*Une femme est à l'article de la mort. Son mari lui tient la main, près du lit.*

*La femme essaie de parler :*

*« Chéri...*

*— Chut ! Ne parle pas !*

*— Chéri, laisse-moi parler. Je dois t'avouer quelque chose...*

*— Tu n'as rien à avouer. Tout va bien.*

*— Non, tout ne va pas bien... Il faut que je t'avoue une chose, sinon je ne pourrai pas mourir en paix : je t'ai trompé !*

*— Ne t'inquiète pas, je suis au courant... Pourquoi t'aurais-je empoisonnée sinon ? »*

Isaac Asimov

« L'humour, c'est un antalgique. Quand on n'a pas de solution, soit on s'effondre, soit on trouve une parade. Et moi, c'est l'humour. Rire, ce n'est pas de l'indifférence à ce qui arrive, c'est une victoire. »

Jean-Louis Fournier

## Pour lutter contre l'isolement

On se souvient tous de ce mois de mars 2020 où les rayons de PQ étaient vides et où on nous a annoncé : « Vous êtes confinés. » Au départ, on n'a pas compris. Déjà, on ne savait pas trop ce que le mot « confiné » voulait dire. Ensuite, on a pensé que ça ne durerait pas plus de trois jours. Et puis, au jour 4, on a tous voulu faire du pain, du yoga, continuer de travailler, éduquer nos enfants, faire des apéros avec des applications dont on ne soupçonnait pas l'existence. Et puis, au jour 12, on est devenus hystériques, alcooliques, dépressifs, inquiets. Oui, inquiets. Alors on a tous saisi notre téléphone, dernier lien avec le monde extérieur, les « zôtres ».

Une fois le pain éduqué, les enfants cuits et le chien au lit (ou un truc comme ça), on a eu envie de RIRE. Les comptes humoristiques ont fleuri sur Insta ou TikTok au rythme de notre enfermement.

Ainsi, Julie a développé sa page Mamouz avec des blagues, des mèmes. Et plus elle mettait de blagues, plus les gens venaient rire chez elle, comme on débarque dans une maison pleine de joie. Les « vous me faites du bien » ou « vous sauvez mon confinement » sont apparus de plus en plus fréquemment.

Ainsi, Jessica, avec son humour lié principalement aux enfants, a vu des mères de famille lui écrire en privé sur Facebook ou Insta : « J'ai envie de tuer mes enfants dans cette période affreuse, mais votre humour face à cette situation me rassure. On est tous dans le même bateau. »

Durant cette drôle de période, certains internautes ont redoublé de créativité pour détendre l'atmosphère. L'idée n'était évidemment pas de minimiser l'importance de la crise, mais d'aider à surmonter cette période. L'humour comme guérisseur.

En mars 2020, le magazine américain *Vulture* a écrit : « Dans une atmosphère où prévalent la peur et l'incompréhension, l'être humain s'en est toujours remis à l'humour. L'humour, bien qu'il paraisse frivole et futile, est le mécanisme de défense de l'humanité, un moyen gratuit de nous changer les idées devant les horreurs du monde, tout en nous permettant d'exprimer nos pensées, les pires et les meilleures. »

écrire

écrire

écrire

cri

crire

crire

rire

## Le rire guérit-il de la dépression ?

En octobre 2022, l'humoriste française Florence Foresti a sorti une série sur Canal+, *Désordres*, dans laquelle elle raconte sa dépression, sa solitude et la façon dont le rire la sauve. « Faire rire est le seul moyen que j'ai trouvé pour supporter la vie. Mais elle ne m'est pas plus insupportable que pour les autres. [...] Ce sont des fêlures qu'on (les humoristes) n'arrive pas à soigner autrement. »

Si l'on en croit le nombre d'humoristes qui révèlent leur tendance dépressive, on se dit que oui, le rire est en effet un médicament au mal.
On se souvient tous de l'acteur drôle et sensible, Robin Williams, qui s'est suicidé à l'été 2014. La dépression touche aussi, ou a touché, de nombreux humoristes comme Woody Allen, Jim Carrey, Coluche, Muriel Robin.

Peut-on ainsi associer trouble de l'humeur à humour, et donc parler de trouble de l'humour ?
Il est certain que les deux sujets sont liés même si, comme dans l'histoire de l'œuf et de la poule, on ne sait pas si on rit pour aller mieux ou si on va mieux en riant.

Et puis, comme le rappelle Wikipédia, le mot « humour » vient de l'anglais *humour*, lui-même emprunté au français « humeur ». L'humeur, du latin *humor* (liquide), désignait initialement les fluides corporels (sang, bile...) dont on pensait qu'ils influençaient le comportement. L'humour a ainsi longtemps été associé à la théorie des humeurs avant d'être relié à l'histoire de la subjectivité à l'époque moderne.

# ANNE AKRICH

*Romancière explosive, elle déboulonne la maternité, le sexe. Derrière son ton libre et drôle se cache une angoissée de nature, et si chacun de ses livres est à hurler de rire, ils commencent tous par son envie de se pendre.*

## Pourquoi l'utilisation de l'humour pour tous tes sujets ?

C'est pour conjurer la déprime que j'essaye d'être drôle. À chaque fois que je commence à écrire un livre, je veux juste qu'il soit drôle, et en fait je finis toujours par être déprimée et penser à la mort.

Moi je ne suis même pas d'accord avec moi-même, donc c'est un dialogue permanent.
« L'humour est la seule façon de dire ce que l'on pense sans se faire tuer. » C'est une phrase que j'ai volée au film *Annette*, de Leos Carax. Je pense que c'est vrai que c'est ce qui permet de s'approcher le plus possible de la vérité.

L'humour, c'est ce qui me rend la vie supportable. Sans humour j'aurais envie de mourir.

En ce qui concerne la mort, je ne sais pas si ça protège de rire, mais les gens déprimés sont souvent les plus drôles. Pour être drôle il faut avoir une conscience extralucide de ce qui est sombre. Le rire ne protège pas de l'angoisse, mais il la rend plus supportable. Mais c'est aussi un aveu de faiblesse, parfois un constat qu'on ne peut rien faire.

« Ma grande théorie du moment, c'est qu'en fait il y a quelque chose de très essentialiste dans le rire. Comme le rire est un réflexe, on considère à juste titre ou non que ce qui nous fait rire définit ce qu'on est. Donc si quelqu'un ne rit pas quand je ris, je me sens rejeté par la personne. Quand on dit "on ne rit pas de Dieu" par exemple, c'est parce qu'on le prend pour soi quand quelqu'un rit de notre religion. »

Michaël Hirsch, comédien

# CHARLOTTE CAMPANA

*Comédienne, Charlotte Campana monte sur scène dans son spectacle « La Femme bocale ». Cette brillante humoriste est une de celles à rire sur la mort.*

## Loin de nous l'idée de *spoiler* ton spectacle, mais il comporte un sketch sur la mort très fort. Pourquoi ?

En écrivant mon texte sur la mort, je me suis rendu compte que celui qui fait de l'humour permet aux autres de rire sur ces choses-là. J'essaie de ne pas le faire trop sérieusement pour que les gens comprennent tout de suite que pour moi c'est digéré. Sur la mort de mes parents, comme je peux en rire, j'autorise les gens à en rire. En fait, c'est de l'observation parce que je me suis aperçue que ça donnait lieu à plein de conversations cocasses d'avoir perdu mes deux parents. C'était aussi une manière de désamorcer toute la gêne que ça peut causer pour moi et pour les personnes à qui j'en parle, pour accélérer la digestion.

## L'humour noir, c'est ton dada ?

J'adore l'humour noir. On est dans une période très particulière pour l'humour parce qu'il faut toujours faire très attention à ce qu'on dit, même avec toute la légèreté du monde. Alors que pour moi, on ne peut pas être poli quand on fait de l'humour. Sans être grossier, l'outrance ou l'irrévérence, c'est drôle. On ne doit pas être trop sous contrôle dans l'humour. Tout en restant élégant. Je pense qu'on ne peut pas rire de tout avec tout le monde. Il faut quand même être sûr que la personne avec qui on parle va comprendre le degré avec lequel on dit ça.

# CONCLUSION

**POUR UN MINISTÈRE DU AHAHAHAH !**

On l'a écrit : une société où l'on ne rit pas est une société malade, voire une dictature.

Nous présidentes (oui, car on est deux… des femmes en plus. OMG !), nous créerons un ministère du Rire. Approchez-vous, regardez-nous, on est HYPER sérieuses.

Avant d'écrire ce livre, nous avions l'intuition que rire c'était sympatoche, chouette, relaxant et que ça mettait des paillettes dans nos vies.

Pour nous maintenant, ce n'est plus une intuition, mais une CERTITUDE : le rire est essentiel pour changer le monde.
Rire ça fait grandir, ça éveille, ça rend beau, ça permet de ne pas vieillir tout à fait, ça fait maigrir, ça permet de décrocher un job, ça aide à trouver l'amour, ça crée des amitiés, ça soigne, ça soulage, ça sauve.
Rire c'est aussi essentiel que l'air qu'on respire, que l'eau qu'on boit. Rire c'est gratuit, c'est le meilleur des remèdes pour affronter la vie, quel que soit son âge et sa situation.

Bref, nous présidentes, nous militerons pour que le rire soit enseigné à la maison, à l'école et partout, car rire c'est aussi une forme de politesse, de vivre-ensemble et de partage.

Vite, vite, un ministère du Rire ! Vite, une démocrarire ! Vite, que le rire entre dans la Constitution ! Vite, que le rire soit apposé sur les frontons des écoles, des municipalités et pourquoi pas du Panthéon : Liberté, Égalité, Fraternité, RIGOLÉ !
On rit à 4 mois, on rit à 8 ans, on rit à 13 ans, on rit à 25 ans, on rit à 40 ans, on rit à 88 ans, on rit lorsqu'on va bien, on rit même lorsqu'on va mal, on rit ensemble, on rit de nous, on rit des autres, on rit d'une blague, on rit d'une situation, on rit d'ivresse, on rit au lit, on rit à l'école, on rit à la machine à café, on rit entre potes, on rit en famille, on rit avec l'être aimé, on rit même avec son animal de compagnie.

Pour nous, l'humour est un mantra, une philosophie de vie, une nécessité.

On peut se priver de chocolat, de bonbons, de livres même, mais pas de rire ! Parce que le rire et l'humour, sous couvert de légèreté, sont nos plus grands alliés. Parce que l'humour est une vertu bien plus essentielle qu'il n'y paraît. Parce que faire rire, c'est donner de la légèreté et du bonheur au quotidien, au drame, au pire mais au meilleur aussi.
Non, résolument non, on ne peut pas vivre sans rire, car l'humour est un trésor.

On vous souhaite de rire encore et toujours, partout, à deux, à trois, avec un ami, un amoureux, une amoureuse, un ami, un inconnu, un enfant, un vieillard, un médecin, un prof. Avec tout le monde, chez vous, à mille, à trois, nulle part, à la plage et parfois tout seul.

**Riez, osez, lâchez-vous, testez des blagues, bousculez les convenances, pleurez de rire, marrez-vous !**

Suivez-nous sur le #Ahahahahah, #TeamZygomatiques, #FautRigoler, #Rire5FoisParJour, #TuRisOuTuPointes (et aussi sur @mamouz et @ze_serial_mother).

Préparez vos pancartes, sortez vos slogans les plus fun pour que le 7 mai, journée internationale du rire, on se fasse une grosse RIGOLADE.
Et n'hésitez pas, répétez notre devise à qui voudra l'entendre, c'est un bon début : ouvrez votre bouche, esquissez un large sourire et criez haut et fort « AH AH AH AH ».

## Résumé du bouquin pour les flemmards

L'humour :

- Non, c'est pas génétique.
- Oui, ça s'entraîne d'être drôle et pétillant.
- Si vous êtes le troisième enfant, c'est vous le drôle de la famille… On a bien compris, après notre sondage !
- Ça rend beau.
- Ça permet de faire passer des messages graves.
- C'est bon pour : faire l'amour, accoucher, trouver un job, séduire, se faire des potes, briller en société, faire l'unanimité, perdre ses rides, ne pas perdre la mémoire, survivre à un drame.

## Bonus du rire (sorte de générique de fin avec scènes coupées)

Pour le titre, Julie a un rituel : faire bosser sa famille ! Voilà le fruit d'une journée de WhatsApp « de la famille la plus cool ».

- All You Need Is LOL
- La lac déconne et marrera
- Rit K Zaraï
- Marre à bout
- Gym cours rire
- Grain de rire
- À qui profite le rire ?
- Le Lobby du rire
- Ris un bon coup, t'es tout pâle (on est allés loin)
- Petit éloge du rire
- Le Pouvoir du rire
- Rire avant que le ciel ne nous tombe sur la tête (so boomer)
- Tout ce que vous avez voulu savoir sur le rire sans oser le demander
- Sous les pavés le rire (avoir des parents soixante-huitards...)

## Jessica aime rire avec

- Pierre Desproges
- Romain Gary
- Édouard Baer
- David Foenkinos
- Fabcaro
- Gad Elmaleh
- Les Robins des bois
- Kad et Olivier (et surtout le Kamoulox)
- Éric et Ramzy
- Louis de Funès
- Alex Lutz
- Brad Pitt (mais ça n'a rien à voir avec son humour)
- Bourvil
- Son mari
- Pierre Dac
- Ses enfants
- Ses amies
- Son chien
- Les Inconnus
- Les Nuls

# Julie aime rire avec

- Ses fils
- Lui le Grand
- Jim Carrey
- Sacha Baron Cohen
- Valérie Lemercier et son accent bourgeois
- Alain Chabat (tout, mais beaucoup son *Burger Quiz*)
- Aïtor Alfonso (@saucegribiche)
- Broute
- @yugnat999
- Frédéric Beigbeder (surtout quand il dit qu'il arrête la coke)
- Son père et ses frères et leurs concours de jeux de mots à gogo, et sa mère, *of course* !
- Adèle et Raphaël, et leur dîner de la joie (Jean-Paul, David...)
- Guillaume Gallienne
- Alison Wheeler
- Dupontel (le sketch sur Jean-Paul Sartre)
- Dodo et Marie-Eve
- *Mes meilleurs copains* (le film)

# REMERCIEMENTS

Anne Akrich, Maurice Barthélemy, Sarah Barukh, Charlotte Berdugo, Jean-Paul Bonnefont, Lison Daniel, Judith Elmaleh, Michaël Hirsch, Charlotte Campana, Tiffany Cooper, Alix Girod de l'Ain, Mathias Gorog, Laura Keller-Haddad, Caroline Le Flour, Benjamin Morgaine, Marie Robert, Binta Rosadore Diallo-Dieng, Anna Roy, Fiona Schmidt, Alain Toledano, Câline Trbic, Alex Vizorek...

Merci au thé, à la reine d'Angleterre, à Newton le chien, aux éditions Leduc, à Instagram et au confinement qui nous ont mis sur la route l'une de l'autre, à nos mecs, à nos enfants, à la Mamouz *team*, Daisie de Gueltzl, Mathilde Enthoven, Félix Cuirot et aux livres qu'on aime lire, aux films qui nous font rire, à l'amitié, à la vie, à l'appartement de Julie et à la commune de Ouerre.

MIXTE
Papier issu de
sources responsables
FSC® C007507
www.fsc.org

Cet ouvrage est composé de matériaux issus de forêts bien gérées certifiées FSC®, de matériaux recyclés et de matériaux issus d'autres sources contrôlées.
Le Forest Stewardship Council® est une organisation internationale non gouvernementale qui encourage une gestion écologiquement adaptée, socialement bénéfique et économiquement viable des forêts de la planète.
Pour en savoir plus, consultez le site www.fsc.org

Achevé d'imprimer en mars 2023 par Graphycems
Dépôt légal : mai 2023
*Imprimé en Espagne*